Visio monachi de Eynsham. Die Vision des Mönchs von Eynsham
Die kartäusische Redaktion des Spätmittelalters (Fassung E)

Kieler Werkstücke

Reihe C:
Beiträge zur europäischen Geschichte
des frühen und hohen Mittelalters

Herausgegeben von Andreas Bihrer

Band 4

PETER LANG

Andreas Bihrer

Visio monachi de Eynsham. Die Vision des Mönchs von Eynsham Die kartäusische Redaktion des Spätmittelalters (Fassung E)

Einleitung und Edition

PETER LANG

Bibliografische Information der Deutschen Nationalbibliothek
Die Deutsche Nationalbibliothek verzeichnet diese Publikation in der
Deutschen Nationalbibliografie; detaillierte bibliografische Daten sind im
Internet über http://dnb.d-nb.de abrufbar.

Umschlagabbildung:
Siegel der Christian-Albrechts-Universität zu Kiel.

Die Universität trägt ihren Namen nach ihrem Gründer, dem Herzog
Christian Albrecht von Schleswig-Holstein-Gottorf, der sie im
Jahre 1665 – nur siebzehn Jahre nach dem Ende des Dreißigjährigen
Krieges – für sein Herzogtum ins Leben rief. An diese Zeit erinnert
auch ihr Siegel: Es zeigt eine Frauengestalt mit einem Palmzweig
und einem Füllhorn voller Ähren in den Händen, die den Frieden
versinnbildlicht. Das Siegel trägt die Unterschrift: Pax optima rerum
(Frieden ist das höchste Gut).

der Christian-Albrechts-Universität zu Kiel.

ISSN 0936-4935
ISBN 978-3-631-65173-5 (Print)
E-ISBN 978-3-653-04510-9 (E-PDF)
E-ISBN 978-3-631-70817-0 (EPUB)
E-ISBN 978-3-631-70818-7 (MOBI)
DOI 10.3726/978-3-653-04510-9
© Peter Lang GmbH
Internationaler Verlag der Wissenschaften
Berlin 2019
Alle Rechte vorbehalten.

Peter Lang – Berlin · Bern · Bruxelles · New York ·
Oxford · Warszawa · Wien

Diese Publikation wurde begutachtet.

www.peterlang.com

Vorwort

„Sobald Sie aus dem Sommerurlaub wieder zurück sind, werden wir ‚Eyns-ham' zum Druck bringen!" Mit diesen Worten verabschiedete mich Paul Gerhard Schmidt im Sommer 2010 in die Semesterferien. Da ich bis zum Frühjahr an meiner Habilitationsschrift gearbeitet hatte, mussten wir die Fertigstellung der Edition der ‚Vision des Mönchs von Eynsham' auf das zweite Halbjahr 2010 verschieben. Geplant war die Publikation einer kritischen Edition der Fassungen B und C der ‚Vision des Mönchs von Eynsham' im Paralleldruck, außerdem der Fassung E und der drei frühneuhochdeutschen Übersetzungen sowie einer umfassenden Einleitung. Aufgrund des überraschenden Todes von Paul Gerhard Schmidt im September 2010 konnte die Edition nicht mehr wie beabsichtigt in der Reihe ‚Corpus Christianorum, Continuatio Mediaevalis' veröffentlicht werden.

Das im Sommer 2010 fast druckfertige Manuskript wurde unter der Leitung von Paul Gerhard Schmidt seit Anfang 1994 im Rahmen des Teilprojekts ‚Transformation mündlicher Texte am Beispiel der lateinischen Visionsliteratur' innerhalb des Sonderforschungsbereichs 321 ‚Übergänge und Spannungsfelder zwischen Mündlichkeit und Schriftlichkeit' an der Albert-Ludwigs-Universität Freiburg erstellt. In der ersten Projektphase koordinierten Dr. Thomas Ehlen, Dr. Johannes Mangei und Prof. Dr. Elisabeth Stein die Arbeiten an der Edition, ab 1999 lag die Organisation in den Händen von Dr. Stefanie Grewe und mir. In dieser Zeit waren an der Edition als Mitarbeiterinnen und Mitarbeiter sowie als Hilfskräfte beteiligt Mark Dengler, Dr. Pia Eckhart, Dr. Sascha Falk, Dr. Matthias Fischer, Dorothee Hanke, Katharina Höhler, Andrea König, M.A., Dr. Thomas Kreutzer, Dr. Florian Lamke, Dr. Sven Limbeck, Dr. Cornelia Linde, Dr. Kerstin Losert, Angelika Roth, M.A., Dr. Franziska Schnoor, Dr. Tobie Walther, Dr. Günter Werner, Thomas Wieners und Isabel Wolfer, M.A. Zentrale Ergebnisse der Projektarbeit wurden bereits 1998 publiziert in dem von Thomas Ehlen, Johannes Mangei und Elisabeth Stein herausgegebenen Sammelband ‚Visio Edmundi monachi de Eynsham. Interdisziplinäre Studien zur mittelalterlichen Visionsliteratur'.

Für die Drucklegung der Edition hatte ich bis zum Sommer 2010 zum einen die Gesamteinleitung verfasst und zum anderen die Einführung und Edition der Fassung E der ‚Vision des Mönchs von Eynsham' erstellt. Diese Abschnitte, die Paul Gerhard Schmidt alle noch vor seinem Tod durchsehen konnte, sind im Folgenden abgedruckt und lediglich um die neuen Handschriftenfunde sowie um die Ergebnisse der aktuellen Forschung bis Ende 2018 ergänzt worden. Im Sommer 2010 waren außerdem noch durch andere Projektmitarbeiterinnen und -mitarbeiter in beinahe druckfertigem Zustand fertiggestellt worden die Editionen der Fassungen B und C sowie der drei frühneuhochdeutschen Übersetzungen samt Einleitung, außerdem waren für die Gesamteinleitung ausführliche Handschriftenbeschreibungen der Überlieferungsträger der Fassungen B, C und D sowie die Übersicht über die Rezeptionszeugnisse der ‚Vision des Mönchs von Eynsham' abgeschlossen worden. Diese Teile der geplanten Edition werden im Folgenden jedoch nicht abgedruckt, da sie nicht von mir verantwortet wurden. Somit stellt die hier publizierte Einleitung und Edition nur einen Ausschnitt aus den Ergebnissen des gesamten Editionsprojekts dar und mag aufgrund dieses vorläufigen Charakters besonders gut in die Reihe der ‚Kieler Werkstücke, Reihe C: Beiträge zur europäischen Geschichte des frühen und hohen Mittelalters' passen. Dieses ‚Werkstück' versteht sich somit ganz bewusst als eine Vorstufe einer zukünftigen vollständigen Edition aller Fassungen der ‚Vision des Mönchs von Eynsham', die dann auf einer noch breiteren Handschriftenbasis fußen könnte und als möglicherweise digitale Edition völlig neue Möglichkeiten der Benutzung erlauben würde.

Seit 2010 habe ich immer wieder neue Anläufe genommen, um zumindest den von mir verantworteten Teil der Edition zum Druck zu bringen. Dass dieser nun vorliegt, ist der Ermunterung durch Johannes Mangei, Angelika Roth, Thomas Martin Buck und – mit liebevollem Nachdruck – Julia Ilgner zu verdanken. Der Kontext des Kieler DFG-Projekts ‚Vergänglichkeit und Ewigkeit. Konfrontationen und Verschränkungen unterschiedlicher Zeitsemantiken in mittelalterlichen Jenseitsreisen' gab mir Inspiration und Raum, das Manuskript abzuschließen, hier gilt mein herzlicher Dank Prof. Dr. Julia Weitbrecht, Karolin Künzel, MA, und Patrick Nehr, M.Ed. Bedanken möchte ich mich weiterhin für die tatkräftige Unterstützung durch die Hilfskräfte an der Abteilung für ‚Geschichte des frühen und hohen Mittelalters sowie für Historische Grundwissenschaften' am Historischen Seminar der Kieler Universität und hierbei insbesondere bei Sarah-Christin Schröder. Mein Dank gilt zudem den Mitarbeiterinnen und Mitarbeitern der Peter Lang Verlagsgruppe, vor allem Michael Rücker und Dr. Hermann Ühlein nicht zuletzt für deren Geduld. Dankenswerterweise konnte das Buch mit Mitteln der Christian-Albrechts-Universität zu Kiel gedruckt werden. Gewidmet ist es dem Andenken an Paul Gerhard Schmidt.

Kiel, am 31. Januar 2019

Inhaltsverzeichnis

A. Einleitung

I. ‚Die Vision des Mönchs von Eynsham‘

1. Rezeptionsgeschichte und Forschungsstand

Von Jenseitsreisen erzählten Christen bereits seit der Spätantike, einen beträchtlichen Aufschwung erlebten die Berichte von Visionären im Früh- und Hochmittelalter.[1] Auch wenn danach die Beschreibungen kürzerer Erscheinungen häufiger wurden, blieb im Spätmittelalter und in der beginnenden Neuzeit das Interesse an solchen Reiseschilderungen wach, wie unzählige Handschriften und Frühdrucke belegen. Den Höhepunkt der klassischen Jenseitsreisen bilden die englisch-irischen Texte des 12. Jahrhunderts.[2] Im Prolog der 1206 niedergeschriebenen Vision des Bauern Thurkill zählt der Verfasser die drei bedeutendsten Offenbarungen neben den ‚Dialogi‘ Gregors des Großen auf: die Vision des Ritters Tnugdal (1148/49), die der Schottenmönch Marcus aufzeichnete, die Reise des Ritters Owein durch das ‚Purgatorium Patricii‘ (1146/47), die der Zisterziensermönch Heinrich von Saltrey festhielt, und die ‚Vision des Mönchs von Eynsham‘ aus dem Jahr 1196.[3]

Innerhalb der englisch-irischen Überlieferung besaß die von einem Benediktinermönch des bei Oxford gelegenen Klosters Eynsham (Diözese Lincoln) erlebte und wahrscheinlich von seinem Mitbruder Adam aufgezeichnete ‚Vision des Mönchs von Eynsham‘ eine Ausnahmestellung, waren doch die meisten Visionäre im England und Irland des 12. Jahrhunderts Laien, so die Ritter Tnugdal und Owein, der Bauer Thurkill oder Ailsi (um 1110), Orm (1125) und William (1143/47). In monastischen Kreisen hatten in erster Linie Zisterzienser wie Gunthelm (1161) oder der Mönch von Stratford Langthorne (etwa 1200) Visionen. Überdies schrieben in der Mehrzahl Zisterzienser, zum Beispiel Heinrich von Saltrey oder Hélinand von Froidmont, diese Offenbarungen nieder; auch die meisten Abschreiber im 12. und 13. Jahrhundert stammten aus diesem Orden. Darüber hinaus stellt die ‚Vision des Mönchs von Eynsham‘ innerhalb der mittelalterlichen Visionsliteratur einen Sonderfall dar, weil sie mit knapp 24.000 Wörtern eine der umfangreichsten

---

1 Zur Abgrenzung dieser Textgruppe vgl. zuletzt Schmidt, Vision, Gebauer, Visionskompilationen, S. 38–48, Bihrer, Offenbarungen, und zukünftig Bihrer, Journeys.

2 Die bislang umfassendsten Übersichten über mittelalterliche Jenseitsvisionen bieten Dinzelbacher, Revelationes, und Dinzelbacher, Visionsliteratur.

3 Vgl. *Visio Thurkilli, ed. Schmidt*, S. 2–3.

Offenbarungen des Mittelalters ist,[4] literarisch und gedanklich zukunftswei-
send sein sollte und, wie wiederum der Thurkillprolog hervorhebt, von un-
erreichter stilistischer Eleganz innerhalb der Visionsliteratur ist.[5]

Die ‚Vision des Mönchs von Eynsham' verbindet mit den anderen beiden
großen Jenseitsreisen des Hochmittelalters, dem ‚Purgatorium Patricii' und
der ‚Visio Tnugdali',[6] ihre große Zahl an Handschriften, ihre weite Verbreitung und die zahlreichen Bearbeitungen und Übersetzungen; unter diesen
Gesichtspunkten kam keine andere Jenseitsreise diesen drei Offenbarungen
gleich. Die ‚Vision des Mönchs von Eynsham' war in erster Linie in West-
europa, vor allem in England, Frankreich, Nordspanien, den Niederlanden
und im Reich verbreitet. Man schrieb sie durchgängig vom 13. bis zur Mitte
des 16. Jahrhunderts ab.[7] Kopien wurden vorrangig im monastischen Bereich
angefertigt, zum einen von den Benediktinern, zum anderen von den Zisterziensern und Kartäusern, die sich beide von den anderen Orden durch ihr
besonders großes Interesse für Visionen unterschieden.[8] Die Vielzahl an Abschriften, zahlreiche lateinische Bearbeitungen, dazu in England, Frankreich
und im deutschsprachigen Raum Übersetzungen in die Volkssprachen belegen
ebenso wie die Einreihung dieser Jenseitsvision in Visionskompilationen und
wie die Aufnahme von Exzerpten oder Zusammenfassungen beispielsweise
in Chroniken oder Exempelsammlungen das breite und anhaltende Interesse
an der ‚Vision des Mönchs von Eynsham' im Mittelalter.

Diese Rezeption innerhalb neuer Sammlungszusammenhänge begann bereits unmittelbar nach der Verschriftlichung des Visionsberichts durch den

---

4 Nach der älteren Forschung ist die ‚Vision des Mönchs von Eynsham' etwa 22.000
   Wörter lang, so Morgan, Dante, S. 223, Easting, Visions, S. 83, oder Wilson,
   Dissemination, S. 24, tatsächlich aber variiert die Länge des Textes je nach Hand-
   schrift zwischen 23.000 und 24.000 Wörtern.

5 Vgl. *Visio Thurkilli, ed. Schmidt*, S. 3, vgl. dazu umfassend Schmidt, Visio.

6 Das ‚Purgatorium Patricii' und die ‚Visio Tnugdali' liegen inzwischen in zwei
   Neueditionen vor, vgl. *St Patrick's Purgatory, ed. Easting*, und *Visio Tnugdali,
   ed. Lehner/Nix*.

7 Die Forschung hatte sich lange auf die Entstehung der ‚Vision des Mönchs von
   Eynsham' und deren frühe Verbreitung im 13. Jahrhundert konzentriert, erst in
   jüngerer Zeit rückten Überlieferung und Rezeption dieser Vision im Spätmittelalter
   stärker in den Fokus der Forschung, vgl. hierzu die Beiträge in Ehlen/Mangei/Stein,
   Visio, und die Urteile bei Easting, Heart, S. 185, Easting, Introduction, S. xix, und
   Wilson, Dissemination, S. 18, in welchen die Bedeutung der hochmittelalterlichen
   Visionen für die religiöse Kultur auch des Spätmittelalters hervorgehoben werden.

8 Zum Interesse der Zisterzienser an Visionen vgl. Holdsworth, Visions, McGuire,
   Purgatory, und umfassend zu den Zisterziensern als dem „Orden der Visions-
   sammler" Gebauer, Visionskompilationen, S. 135–184, das Zitat ebd., S. 184; zu
   den Kartäusern vgl. ebenso umfassend Mangei, Bedeutung, und Mangei, Kartäuserorden.

Erstredaktor Adam von Eynsham, der seine Niederschrift kurz vor der Wende vom 12. zum 13. Jahrhundert beendet haben dürfte.[9] Sehr häufig fanden Ausschnitte dieser Vision Eingang in Exempelsammlungen:[10] Bereits um 1200 bearbeitete ein Zisterzienser den Bericht des Erstredaktors; einige Exzerpte aus dieser Fassung finden sich in einer ebenfalls um 1200 zu datierenden Exempelsammlung zisterziensischen Ursprungs.[11] Sollte diese Kompilation tatsächlich bereits um 1200 in Beaupré, einem Tochterkloster von Clairvaux in der Nähe von Beauvais, zusammengestellt worden sein, dann ist dies zugleich ein Beleg für die sehr schnelle Rezeption der ‚Vision des Mönchs von Eynsham' auf dem Kontinent.[12] Insbesondere im 13. Jahrhundert wurden Ausschnitte aus dieser Offenbarung in weitere Exempelsammlungen eingegliedert; Art und Umfang dieser Form des Gebrauchs sind beim gegenwärtigen Stand der Forschung nur in Ansätzen überschaubar.[13] Dabei erfreuten sich vor allem vier Geschichten aus der ‚Vision des Mönchs von Eynsham' in den Exempelsammlungen beispielsweise Odos von Cheriton († um 1246), Stephans von Bourbon († um 1261) oder im ‚Speculum Laicorum' (entstanden zwischen 1279 und 1292) großer Beliebtheit, nämlich die Begegnung des Visionärs mit dem trunksüchtigen Goldschmied (Cap. XIX–XXIII), mit dem Ritter, der sein Kreuzzugsgelübde gebrochen hatte (Cap. XXXII), mit dem Ritter, der sich während seines Lebens übermäßig an der Jagd mit Vögeln erfreut

---

9   Eine Übersicht über die Rezeption der ‚Vision des Mönchs von Eynsham' bietet Easting, Introduction, S. xxvi–xxix.

10 Exempelsammlungen mit Ausschnitten aus der ‚Vision des Mönchs von Eynsham' wurden bislang noch kaum erforscht, so auch die Beurteilung bei Wilson, Dissemination, S. 20, aber es entstanden zuletzt einige kürzere Fallstudien, vgl. Easting, Heart, und Easting, Visio, sowie Berlioz, Exempla, allerdings ohne explizite Erwähnung dieser Jenseitsvision. Die ‚Vision des Mönchs von Eynsham' wird jedoch eingehend in einer ungedruckten Dissertation analysiert, die sich der Überlieferung und Verbreitung von Jenseitsreisen zwischen 1150 und 1321 in Sammelhandschriften, Exempelsammlungen, Chroniken, theologischen Schriften und Predigthandschriften widmet, vgl. Wilson, Dissemination. Der Verfasser untersucht dabei auch die Bearbeitungspraxis einer Redaktion der ‚Vision des Mönchs von Eynsham', die in der im frühen 13. Jahrhundert geschriebenen Handschrift Cambridge, Trinity College Library, cod. B.XV.36, tradiert wird, vgl. ebd., S. 23–111.

11 Die Exempelsammlung ist überliefert in der Handschrift Paris, Bibliothèque Nationale de France, ms. lat. 15912, vgl. dazu die eingehende Beschäftigung mit diesem Codex bei McGuire, Cistercians, und mit Blick auf die ‚Vision des Mönchs von Eynsham' die kurze Erwähnung bei Easting, Heart, S. 443.

12 Datierung und Lokalisierung der Handschrift folgen McGuire, Cistercians, S. 229.

13 Die Exzerpte aus der ‚Vision des Mönchs von Eynsham' in englischen Exempelsammlungen des 13. Jahrhunderts wurden behandelt in Wilson, Dissemination, S. 99–111, vgl. auch die Übersicht über die handschriftliche Überlieferung in England ebd., S. 259.

hatte (Cap. XXXIII), und mit dem simonistischen Ritter (Cap. XLVI).[14] Die ‚Vision des Mönchs von Eynsham' fand über diese Exempelsammlungen damit ebenfalls Eingang in das geistige Milieu weiterer Orden wie der Dominikaner und der Franziskaner.

Außerdem wurde der Visionsbericht schon kurz nach seiner Niederschrift in Visionskompilationen aufgenommen, so in die zwischen 1200 und 1206 zusammengestellte Sammlung Peters von Cornwall († 1221), auch wenn der Sammler, ein Mitglied des Augustinerchorherrenpriorats St. Trinitas in Aldgate, den Bericht über die Jenseitsreise zunächst für nicht glaubwürdig hielt.[15] Darüber hinaus belegen weitere Handschriften aus dem frühen 13. Jahrhundert, dass die ‚Vision des Mönchs von Eynsham' mehrfach in Visionskompilationen eingereiht wurde.[16]

Ferner berichteten Chronisten von dieser Jenseitsvision, zu nennen sind hier die Werke äußerst prominenter englischer Geschichtsschreiber wie das ‚Chronicon Anglicanum'[17] des Radulf von Coggeshall († um 1226), der ‚Liber qui dicitur Flores Historiarum'[18] Roger Wendovers († 1236) oder die ‚Chronica Maiora'[19], die ‚Historia Anglorum'[20] und die ‚Abbreviatio Chronicorum Angliae'[21] von Matthäus Paris († 1259).[22] Die Nutzung der ‚Vision des Mönchs

---

14 Vgl. Easting, Introduction, S. xxviii.

15 Die Sammlung Peters von Cornwall wurde inzwischen mustergültig erschlossen, vgl. Easting/Sharpe, Peter, zur ‚Vision des Mönchs von Eynsham' vgl. vor allem ebd., S. 37 und 362. Zu Visionskompilationen des 12. und 13. Jahrhunderts vgl. die umfassende Studie Gebauer, Visionskompilationen; der Verfasser arbeitet darin heraus, dass Visionskompilationen ähnlich wie Summen, Florilegien oder Exempelsammlungen als ein eigenständiger Texttyp zu verstehen sind. In dieser Dissertation werden auch zwei Sammlungen behandelt, in welche die ‚Vision des Mönchs von Eynsham' aufgenommen wurde, nämlich die Kompilation Peters von Cornwall (London, Lambeth Palace Library, cod. 51), vgl. ebd., S. 49–80, und eine zisterziensische Sammlung (Heidelberg, Universitätsbibliothek, cod. Salem IX.31), vgl. ebd., S. 119–126.

16 Vgl. beispielsweise Oxford, Bodleian Library, cod. Digby 34 (zweiter Teil der später zusammengebundenen Handschrift, in welchem auch die ‚Vision des Mönchs von Eynsham' enthalten ist), und Heidelberg, Universitätsbibliothek, cod. Salem IX.31.

17 Vgl. *Radulfus de Coggeshall, Chronicon Anglicanum, ed. Stevenson*, S. 71–72.

18 Vgl. *Rogerus de Windesora, Liber qui dicitur Flores Historiarum, ed. Hewlett*, Bd. 1, S. 246–266.

19 Vgl. *Matthaeus Parisiensis, Chronica Maiora, ed Luard*, Bd. 2, S. 423–437.

20 Vgl. *Matthaeus Parisiensis, Historia Anglorum, ed. Madden*, Bd. 2, S. 60.

21 Vgl. *Matthaeus Parisiensis, Abbreviatio Chronicorum Angliae, ed. Madden*, Bd. 3, S. 216.

22 Eine Übersicht über die Bearbeitungstendenzen der ‚Vision des Mönchs von Eynsham' bei den drei Chronisten Radulf von Coggeshall, Roger Wendover und Matthäus Paris findet sich bei Wilson, Dissemination, S. 94–99. Die Geschichts-

von Eynsham‘ in weiteren Sammlungs- und Gattungszusammenhängen beispielsweise in Legendaren, Predigtsammlungen oder theologischen Traktaten
des Spätmittelalters und der Frühen Neuzeit harrt noch ihrer Erforschung.[23]
    Der großen Bedeutung dieser Jenseitsreise im Mittelalter steht ein auffäl-
liges Desinteresse der modernen Forschung an der ‚Vision des Mönchs von
Eynsham‘ gegenüber:[24] Im Gegensatz insbesondere zur ‚Visio Tnugdali‘ und
zum ‚Purgatorium Patricii‘ ist diese Offenbarung in der Forschung, selbst in
der lebendigen und umfangreichen Visionsforschung des 20. Jahrhunderts,
weitgehend unbekannt geblieben.[25] Die ‚Vision des Mönchs von Eynsham‘
fand in Untersuchungen zur Visionsliteratur im Allgemeinen nur selten Be-
achtung,[26] typisch ist vielmehr der Umgang mit dieser Vision in dem einflussreichen Werk Jacques Le Goffs zur ‚Geburt des Fegefeuers‘ im ausgehenden
12. Jahrhundert, in welchem die ‚Vision des Mönchs von Eynsham‘ lediglich
im Anhang erwähnt wird.[27] Die wenigen Arbeiten zu dieser Offenbarung
gehen meist auf die Herausgeber der Editionen zurück,[28] daneben liegen nur
wenige Einzelstudien in Aufsatzform vor,[29] außerdem wurden einige unpu-
blizierte Masterarbeiten zu dieser Jenseitsreise eingereicht.[30]

---

schreiber formulierten meist Zusammenfassungen der gesamten Vision, vgl. ebd.,
S. 94. Zur Aufnahme von Visionsberichten in historiographische Werke vgl. jetzt
Lehner, Prophetie, ohne aber auf die ‚Vision des Mönchs von Eynsham‘ einzugehen.

23 Beispielsweise enthält die Handschrift Washington, Library of Congress, Faye
   and Bond 129 (MS 73), f. 72rb–81ra, ein Exemplar der ‚Legenda Aurea‘ aus dem
   14. Jahrhundert, Auszüge aus der ‚Vision des Mönchs von Eynsham‘, die in die
   Vita des heiligen Patrick inseriert sind, vgl. Schutzner, Manuscript Books, S. 109–
   126. In der Predigt ‚Sermo XXII In Nativitate B. Mariae Virginis II‘ Hélinands
   von Froidmont († nach 1229) wird aus Cap. XXXI der ‚Vision des Mönchs von
   Eynsham‘ zitiert, vgl. Hélinand de Froidmont, Sermones, Sp. 668. Zu Rezeptionszeugnissen aus dem Umfeld der Kartäuser vgl. umfassend Mangei, Bedeutung.

24 Jüngere Übersichten über die Erforschung mittelalterlicher Jenseitsvisionen bieten
   Wilson, Dissemination, S. 8–14, Benz, Gesicht, S. 11–12, und Bihrer, Offenbarungen.

25 Die ‚Vision des Mönchs von Eynsham‘ ist „bisher eine der unbekanntesten Jenseitsvisionen des Mittelalters überhaupt“, so Schmidt, Gegenwelt, S. 16, mit gleicher
   Einschätzung zuletzt auch Wilson, Dissemination, S. 24.

26 An Ausnahmen sind zu nennen Dinzelbacher, Visionsliteratur, Morgan, Dante,
   und Carozzi, Voyage.

27 Vgl. Le Goff, Geburt, S. 453; eine Übersicht über die Kritik an den Thesen Le Goffs
   bieten McGuire, Purgatory, und zuletzt Weitbrecht, Welt, S. 151.

28 Vgl. Thurston, Vision, Thurston, Introduction, Thurston, Chapter, Huber, Einleitung Visio Monachi de Eynsham, Salter, Introduction, Easting, Heart, Easting,
   Introduction, Easting, Visio, und die Aufsätze in Ehlen/Mangei/Stein, Visio.

29 Vgl. Cosmo, Fonte, und Dinzelbacher, Beginnings, S. 113–119.

30 Beispielsweise wurden Masterarbeiten über die ‚Vision des Mönchs von Eynsham‘
   zu folgenden Themen verfasst: 1994 über Gender-Konzepte, vgl. Zettle, Voice,

Diese Untersuchungen hatten seit der Wende vom 19. zum 20. Jahrhundert
die Biographie von Visionär und Erstredaktor, das historische Umfeld sowie
das Verhältnis der ‚Vision des Mönchs von Eynsham' zur ‚Divina Commedia'
Dantes zum Gegenstand. In den letzten Jahrzehnten des 20. Jahrhunderts
rückten die Stellung der ‚Vision des Mönchs von Eynsham' innerhalb der
Visionsliteratur und der Religiosität der Zeit sowie mystische Erfahrungen
und die Verarbeitung der zeitgenössischen Beichttheologie in dieser Offenbarung, außerdem die dort entworfenen Gender-Konzepte in das Blickfeld
der Forschung.

In den 1990er Jahren stellten mehrere Verfasser ein Resümee der bisherigen Erforschung der ‚Vision des Mönchs von Eynsham' mit weiterführenden
bibliographischen Angaben zusammen.[31] Seitdem sind nur einige wenige Le-
xikonartikel zu dieser Jenseitsvision publiziert worden.[32] Während der inhaltliche Gehalt der ‚Vision des Mönchs von Eynsham' fast kein Interesse der
Forschung im 21. Jahrhundert weckte,[33] erschienen in den letzten Jahren
immerhin einige Studien, in denen die handschriftliche Überlieferung dieser
Vision sowie deren Rezeption im Mittelalter untersucht wurden.[34]

Hinderlich für die angemessene Berücksichtigung der ‚Vision des Mönchs
von Eynsham' in der Forschung sind vor allem die unzureichenden, da auf
einer zu geringen Handschriftenbasis erstellten und vielfach fehlerhaften
Editionen des lateinischen Visionsberichts, anhand derer in erster Linie die
Fassung des Erstredaktors rekonstruiert werden sollte, sowie die bis zur im
Jahr 2002 publizierten Edition Robert Eastings mangelhaften Abdrucke der

---

im Jahr 1996 über die Darstellung der Bußpraxis in dieser Vision, vgl. Penkett,
Sinners, und zuletzt 2017 eine Zusammenstellung der bisherigen Forschung sowie
eine italienische Übersetzung, vgl. Cremonesi, Visiones. Auch zwei Dissertationen,
die sich mit der ‚Vision des Mönchs von Eynsham' beschäftigen, wurden nicht
gedruckt, vgl. Gainer, Prolegomenon, S. 178–193 und 231, sowie Wilson, Dissemination, S. 7–111.

31 Vgl. Gardiner, Visions, S. 137–141, Easting, Visions, S. 89–99, Ehlen/Mangei/
Stein, Einleitung, S. VII–IX, und zuletzt Easting, Revelation, S. 269–277.

32 Vgl. unter Angabe des Erscheinungsjahres Palmer, Visio (1999), Polidori, Adam
(2000), und Zapf, Visio (2011).

33 Vgl. unter Angabe des Erscheinungsjahres die meist nur einmaligen Erwähnungen
der ‚Vision des Mönchs von Eynsham' in Schmidt, Gegenwelt (2003), Cavagna,
Visions (2005), Easting, Access (2007), oder Dinzelbacher, Bericht (2011).

34 Vgl. unter Angabe des Erscheinungsjahres Berlioz, Exempla (2002), Easting, Introduction (2002), Mangei, Kartäuserorden (2002), Blanco Pascual, Visio (2004),
Easting, Visio (2005), Adams, Visions (2007), Torra, Liber (2011), Wilson,
Dissemination (2012), Easting/Sharpe, Peter (2013), und Gebauer, Visionskompilationen (2013).

mittelenglischen Übersetzung.[35] Erschwerend sind zudem der gleichfalls feh-
lende Überblick über alle weiteren Redaktionen und über die mittelalterlichen
Rezeptionszeugnisse der ‚Vision des Mönchs von Eynsham‘ sowie deren noch
ausstehende vollständige editorische Erschließung.

Möglicherweise stellt jedoch die größte Barriere für die moderne Erforschung dieser Vision dar, dass eine moderne Übersetzung der lateinischen
Fassungen beispielsweise ins Englische noch nicht erarbeitet wurde, nur einige
Ausschnitte des Visionsberichts wurden bislang übersetzt.[36] Lediglich die Zu-
sammenfassung der ‚Vision des Mönchs von Eynsham‘ in der Chronik Roger
Wendovers liegt in einer modernen englischen Übertragung vor.[37] Hingegen
existieren mehrere Übersetzungen des mittelenglischen Drucks besonders aus
der ersten Hälfte des 20. Jahrhunderts.[38]

2. Handschriften

Obwohl Thomas Tanner bereits 1748 auf die ‚Vision des Mönchs von Eynsham‘ aufmerksam gemacht und dabei zwei Handschriften verzeichnet hatte, die diese Jenseitsreise überliefern,[39] kannte die Forschung lange nur die
Zusammenfassungen und Exzerpte dieser Vision in englischen Chroniken
des 13. Jahrhunderts sowie den mittelenglischen Druck aus dem Jahr 1483.
Erst durch die Veröffentlichung einiger Ausschnitte der ‚Vision des Mönchs
von Eynsham‘ durch Jean Barthélemy Hauréau 1890 und Harry L. D. Ward
1893 wurde die lateinische Fassung der wissenschaftlichen Öffentlichkeit
bekannt.[40] Daraufhin edierten kurz nach der Jahrhundertwende der Je-
suit Herbert Thurston, der Benediktiner Michael Huber und der Oxforder

---

35 Vgl. *Revelation, ed. Easting.* Zur Problematik der modernen Rekonstruktion des
   Verschriftlichungsprozesses von mittelalterlichen Jenseitsvisionen vgl. Röckelein,
   Otloh, S. 121–171, und Ehlen, Vision.
36 Peter Dinzelbacher übersetzte einen kurzen Auszug (Cap. XXXVIII–XL, LIV) aus
   der ‚Vision des Mönchs von Eynsham‘ ins Deutsche, vgl. Dinzelbacher, Visionsliteratur, S. 122–127; Douglas Grey übertrug vier Abschnitte dieser Vision ins
   Englische, vgl. Grey, Norman Conquest, S. 236–240. Seit 2017 liegt eine allerdings
   ungedruckte italienische Übersetzung vor, vgl. Cremonesi, Visiones, S. 78–221.
37 Vgl. Gardiner, Visions, S. 197–218.
38 Aufgeführt bei Easting, Introduction, S. xlix.
39 Vgl. Tanner, Bibliotheca Britannico-Hibernica, S. 7. Tanner kannte die Codices
   Oxford, Bodleian Library, cod. Digby 34, f. 100ʳ–126ᵛ, und Oxford, Bodleian
   Library, cod. Selden Supra 66 (SC 3454), f. 1ʳ–42ʳ.
40 Vgl. Hauréau, Notices, S. 126–137, mit Auszügen aus Paris, Bibliothèque Nationale de France, ms. lat. 2590, f. 51ʳ–58ᵛ, sowie Ward, Catalogue, S. 495–501 und
   503–550, mit Auszügen aus London, British Library, cod. Cotton Cleopatra C. XI,
   f. 49ʳ–69ʳ, und London, British Library, cod. Cotton Caligula A. VIII, f. 192ʳ–209ᵛ.

Lokalhistoriker Herbert E. Salter die lateinische Langfassung der ‚Vision des Mönchs von Eynsham'.[41]

Thurston benutzte für seine 1903 publizierte Edition sechs Codices, als Leithandschrift fungierte eine Londoner Handschrift.[42] Huber zog im Jahr 1904 für die Texterstellung ebenfalls sechs Handschriften heran, von denen allerdings Thurston vier Codices nicht gekannt hatte; als Leithandschrift hatte Huber einen später im Zweiten Weltkrieg verbrannten Codex aus Chartres ausgewählt.[43] Salter stützte sich bei seiner 1908 publizierten Edition auf die Kenntnis von 13 Handschriften, jedoch verwendete er für die Texterstellung lediglich vier Codices, die alle bereits Thurston in seiner Edition dokumentiert hatte. Als Leithandschriften fungierten bei Salter zwei Oxforder Codices.[44]

Im Jahr 2002 publizierte Robert Easting eine Neuedition des mittelenglischen Drucks, der er auch einen Abdruck der lateinischen Vorlage nach einer Oxforder Handschrift aus dem 14. Jahrhundert beigab, die aber bereits Salter in seiner Edition als eine seiner beiden Leithandschriften benutzt hatte.[45]

Seit den um 1900 erarbeiteten Editionen hat sich die Kenntnis von Handschriften der ‚Vision des Mönchs von Eynsham' jedoch deutlich verbreitert. Im Folgenden wird eine Übersicht gegeben, die sich an der 1998 von Johannes Mangei publizierten Aufstellung orientiert.[46] Dort wurden insgesamt 37 Handschriften aufgeführt, ergänzt um vier verlorene Codices und um sechs Nennungen der Vision in mittelalterlichen Bibliothekskatalogen. In die untenstehende Übersicht wurden nun die lediglich in mittelalterlichen oder frühneuzeitlichen Quellen belegten Überlieferungszeugen nicht mehr aufgenommen, sondern nur die heute noch erhaltenen Codices sowie die beiden im Zweiten Weltkrieg verbrannten Handschriften aus Chartres, weil diese durch

---

41 Vgl. *Visio Monachi de Eynsham, ed. Thurston, Visio Monachi de Eynsham, ed. Huber*, und *Vision of the Monk of Eynsham, ed. Salter*. „Not one of the editions is entirely satisfactory", so Sharpe, Handlist, S. 15.

42 London, British Library, cod. Cotton Cleopatra C. XI, f. 49^r–69^r; die Lücken in dieser Handschrift ergänzte Thurston durch Passagen aus Oxford, Bodleian Library, cod. Selden Supra 66 (SC 3454), f. 1^r–42^r.

43 Chartres, Bibliothèque Municipale, cod. 84 (131), f. 1^r–27^r.

44 Salter verwendete bis Cap. XXVIII den Codex Oxford, Bodleian Library, cod. Digby 34, f. 100^r–126^v, der an dieser Stelle abbricht; für den restlichen Text der Vision benutzte Salter Oxford, Bodleian Library, cod. Selden Supra 66 (SC 3454), f. 1^r–42^r, als Leithandschrift.

45 Vgl. *Revelation, ed. Easting*, mit dem Abdruck von Oxford, Bodleian Library, cod. Selden Supra 66 (SC 3454), f. 1^r–42^r.

46 Vgl. Mangei, Bedeutung, S. 136–138 und 161, danach Easting, Introduction, S. xx–xxix. Zuvor hatte Richard Sharpe eine Liste von 26 Handschriften der ‚Vision des Mönchs von Eynsham' sowie sechs Erwähnungen dieser Vision in mittelalterlichen Bibliothekskatalogen zusammengestellt, vgl. Sharpe, Handlist, S. 15–16.

die Edition Hubers erschließbar sind. Gegenwärtig sind insgesamt 43 Handschriften bekannt, in welchen die ‚Vision des Mönchs von Eynsham' überliefert ist. Um die Vergleichbarkeit zu gewährleisten, wurden die bei Mangei vergebenen Nummern in der folgenden Aufstellung übernommen. Neufunde wurden durch den Zusatz ‚a' markiert, es sind dies die Codices aus Fribourg (11a),[47] London (15a),[48] Lüttich (17a),[49] München (18a)[50] und Oviedo (25a).[51] Im Gegensatz zur Aufstellung von Mangei wird die Handschrift aus Washington (35) hier nicht verzeichnet, sondern dieser Überlieferungszeuge lediglich als Rezeptionszeugnis gewertet.[52]

1   Barcelona, Archivo de la corona de Aragon Ripoll, cod. 41, f. 3ra–27vb
       Benediktinerkloster St. Maria in Ripoll, Ende 13. Jahrhundert

2   Basel, Universitätsbibliothek, cod. A VI 16, f. 185[r]–211[r]
       Hieronimus Zscheckenbürlin, Basel, kurz vor 1487

3   Berlin, Staatsbibliothek Preußischer Kulturbesitz, cod. theol. lat. fol. 705, f. 26[r]–41[v]
       Kartause St. Barbara in Köln, 1560–1570

4   Brüssel, Bibliothèque Royale, cod. 8763–74, f. 2[r]–50[r]
       Kartause St. Alban bei Trier, 1497

5   Brüssel, Bibliothèque Royale, cod. 1960–1962, f. 37[r]–47[r]
       Nordfrankreich/Flandern/Brabant?, 13. Jahrhundert

6   Cambridge, Corpus Christi College Library, cod. 43, f. 107ra–128vb
       England/Norwich?, 14. Jahrhundert

7   Cambridge, Trinity College Library, cod. B.XV.42, f. 62ra–86va
       England, 15. Jahrhundert

8   Cambridge, Trinity College Library, cod. B.XV.36, f. 41va–50va
       England, Anfang 13. Jahrhundert

9   Dresden, Sächsische Landesbibliothek, M. 244, f. 27[r]–49[r]
       Augustinerchorfrauenkloster Pillenreuth bei Nürnberg, 1416

---

47 Zu dieser Handschrift siehe unten, Kap. A.II.6.
48 Zu dieser Handschrift vgl. Bihrer, Bearbeitungspraxis, S. 115, danach Easting, Introduction, S. xx–xxv.
49 Zu dieser Handschrift vgl. die Angaben in CICweb.be nach einem ungedruckten Katalog.
50 Zu dieser Handschrift siehe unten, Kap. A.II.6.
51 Zu dieser Handschrift vgl. Blanco Pascual, Visio Edmundi.
52 Zu der Handschrift Washington, Library of Congress, Faye and Bond 129 (MS 73), f. 72[rb]–81[ra], siehe oben, Kap. A.I.1. Auch bei Easting, Introduction, S. xxv, wird der Codex aus Washington noch als „redaction unknown" eingestuft.

10   Dublin, Trinity College Library, cod. 494, f. 77^r–112^r
        England/Irland?, Beginn 13. Jahrhundert

11   Dublin, Trinity College Library, cod. 370, f. 50^v–76^v
        Benediktinerabtei Crowland, 2. Hälfte 13. Jahrhundert

11a   Fribourg, Bibliothèque cantonale et universitaire, cod. L 3, f. 83^v–94^r
        Prämonstratenserkloster Humilimont, ausgehendes 14. Jahrhundert

12   Gotha, Landes- und Forschungsbibliothek, cod. B 269, f. 26^r–53^v
        Nordbayern, letztes Viertel 14. Jahrhundert

13   Heidelberg, Universitätsbibliothek, cod. Salem IX.31, f. 71^r–97^r
        Zisterzienserkloster Salem, 2. Viertel 13. Jahrhundert

14   Köln, Stadtarchiv, cod. GB 8° 94, f. 1^r–68^v
        Kreuzherrenkloster Köln, 2. Hälfte 15. Jahrhundert

15   London, British Library, cod. Cotton Caligula A. VIII, f. 192^r–209^v
        England, spätes 13. / frühes 14. Jahrhundert

15a   London, British Library, cod. Harley 3776, f. 89^v–92^r
        Augustinerabtei Waltham?, 1. Hälfte 14. Jahrhundert

16   London, British Library, cod. Cotton Cleopatra C. XI, f. 49^r–69^r
        Zisterzienserabtei Dore?, frühes 13. Jahrhundert

17   London, Lambeth Palace Library, cod. 51, f. 32va–54va
        Augustinerchorherrenpriorat St. Trinitas in Aldgate, kurz nach 1200

17a   Lüttich, Bibliotheque du Seminaire Episcopal, cod. 6 G 28,
        f. 210^r–274^r
        Kreuzherrenkloster Lüttich, um 1450

18   Madrid, Bibliotheca Nacional, cod. 9783, f. 108rb–109vb
        Spanien?, 13. Jahrhundert

18a   München, Bayerische Staatsbibliothek, Cgm 8873, f. 1^r–37^v
        Dominikanerinnenkloster St. Katharina in Nürnberg, 1431

19   Mainz, Stadtbibliothek, cod. I 289, f. 35^r–54^r
        Kartause St. Michael in Mainz, Ende des dritten Viertels des
        14. Jahrhunderts

20   Metz, Bibliothèque Municipale, cod. 651, f. 67^r–107^v
        Kartause Marienfloß bei Rettel an der Mosel, 14. Jahrhundert

21   Nürnberg, Stadtbibliothek, cod. Cent. VI, 43b, f. 140^r–166^r
        Dominikanerinnenkloster St. Katharina in Nürnberg, 1465–1476

22   Oxford, Bodleian Library, cod. Digby 34, f. 100^r–126^v
        England, Anfang 13. Jahrhundert

23   Oxford, Bodleian Library, cod. Bodl. 636 (SC 2002), f. 25^r–80^r
        England, 15. Jahrhundert

24	Oxford, Bodleian Library, cod. Bodl. 44 (SC 1868), f. 170ra–189vb Benediktinerkloster St. Trinitas in Reading, 1. Hälfte 13. Jahrhundert
25	Oxford, Bodleian Library, cod. Selden Supra 66 (SC 3454), f. 1^r–42^r England, 14. Jahrhundert
25a	Oviedo, Archivo de la Catedral de Oviedo, cod. 42, f. 1^r–70^v Spanien, nach 1447
26	Paris, Bibliothèque de l'Arsenal, cod. 1030, f. 96^r–123^v Augustinerchorherrenstift Saint-Victor in Paris?, Mitte 15. Jahrhundert
27	Paris, Bibliothèque Nationale de France, ms. lat. 3338, f. 178vb–192vb Zisterzienserkloster in Frankreich?, Ende 13. / Anfang 14. Jahrhundert
28	Paris, Bibliothèque Nationale de France, ms. lat. 6686A, f. 95ra–130ra Frankreich?, 2. Hälfte 13. Jahrhundert
29	Paris, Bibliothèque Nationale de France, Réserves des Imprimés, D 1042, f. 23^r–45^r (an Inkunabel angebunden) Benediktinerkloster St. Pantaleon in Köln, 2. Hälfte 15. Jahrhundert
30	Paris, Bibliothèque Nationale de France, ms. lat. 2590, f. 51^r–58^v Frankreich?, 13. Jahrhundert
31	Paris, Bibliothèque Nationale de France, ms. lat. 14978, f. 1^r–71^v Augustinerchorherrenstift Saint-Victor in Paris, 2. Hälfte 15. / Anfang 16. Jahrhundert
32	St. Gallen, Stiftsbibliothek, cod. 142, p. 324–344 Mathias Bürer, Memmingen, 1477
33	St. Omer, Bibliothèque Municipale, cod. 307, f. 128^v–130^v Nordfrankreich, Anfang 13. Jahrhundert
34	Toledo, Biblioteca Capitular, cod. 9–19, f. 106vb–143vb Spanien?, 13. Jahrhundert
36	Würzburg, Universitätsbibliothek, M. ch. q. 99, f. 245^r–269^r Benediktinerkloster St. Stephan in Würzburg, 1460–1464
37	Xanten, Stiftsbibliothek, 204 A, f. 1ra–22va (an Inkunabel angebunden) Kartause St. Johann in Wesel, 1475
*39	Chartres, Bibliothèque Municipale, cod. 84 (131), f. 1^r–27^r Benediktinerkloster Saint-Père en Vallée in Chartres, 13. Jahrhundert (im Zweiten Weltkrieg zerstört, aber über die Edition Hubers erschließbar)
*40	Chartres, Bibliothèque Municipale, cod. 1036 (H.I. 51), f. 281^r–309^v

Benediktinerkloster Saint-Père-en-Vallée in Chartres, 14. Jahrhundert (im Zweiten Weltkrieg zerstört, aber über die Edition Hubers erschließbar)

3. Überlieferungszusammenhänge

Erstmals im Jahr 1908 hat mit Herbert E. Salter ein Editor versucht, die Überlieferungsträger der ‚Vision des Mönchs von Eynsham‘ zu klassifizieren. Er führte dabei die Siglen ‚A‘, ‚B‘ und ‚C‘ ein, um diejenigen Handschriften zu ordnen, welche die erstredaktornahe Fassung in vollem Umfang und mit nur geringen Bearbeitungsspuren späterer Abschreiber tradieren (die ‚lateinische Langfassung‘). Seine Annahme, mit einer Oxforder Handschrift einen exzeptionell autornahen Überlieferungszeugen entdeckt zu haben, der den ersten Anlauf einer noch unvollständigen Aufzeichnung der Vision durch Adam von Eynsham dokumentiere, lässt sich jedoch nicht halten.[53] Somit soll im Folgenden die Handschriftenklasse ‚A‘, in welcher Salter allein den Oxforder Codex situiert hatte, unbesetzt bleiben.

Überzeugend ist hingegen Salters These, die Handschriften der lateinischen Langfassung den Klassen ‚B‘ und ‚C‘ zuzuordnen.[54] Allerdings sind die beiden Klassen jeweils in einen insularen und in einen kontinentalen Zweig zu unterteilen:[55] Momentan bekannt sind insgesamt 43 Handschriften, darunter subsummiert sind die beiden Codices aus Chartres, die im Zweiten Weltkrieg verbrannt sind, aber anhand der Edition Hubers rekonstruiert werden können. Insgesamt 17 dieser 43 Handschriften tradieren in einem insularen und in einem kontinentalen Überlieferungszweig die erstredaktornahe Fassung (im Folgenden: Fassung B). Der älteren insularen Fassung B sind übereinstimmender Lesarten zufolge drei Handschriften aus England zuzuordnen (6, 10, 17), der jüngeren insularen Fassung B insgesamt sechs Codices (11, 13, 16, 22, 24, 33), von denen vier in England geschrieben wurden, einer in einem am Ärmelkanal gelegenen französischen Konvent (13) sowie einer zwar auf dem Kontinent, allerdings wohl von einem englischen Schreiber (33). Die kontinentale Fassung B umfasst insgesamt acht Handschriften (25a, 26, 28, 30, 31, 34, *39, *40), davon besitzen sechs eine französische und zwei eine spanische Provenienz (25a und 34).

Eine leicht überarbeitete Version der Fassung B, in einigen Passagen umformuliert und gekürzt, zugleich jedoch auch mit einigen längeren Zusätzen versehen, enthalten neun Codices; hier sind ebenfalls ein insularer und ein

---

53 Gemeint ist die Handschrift Oxford, Bodleian Library, cod. Digby 34, f. 100^r–126^v.
54 Vgl. hierzu die kurzen Bemerkungen bei Mangei, Bedeutung, S. 138–139.
55 Dies sind die Ergebnisse der stemmatologischen Untersuchungen von Stefanie Grewe.

kontinentaler Überlieferungsstrang zu unterscheiden (im Folgenden: Fassung C). Die drei Handschriften der insularen Fassung C entstanden sämtlich in England (7, 23, 25). Der kontinentalen Fassung C sind insgesamt sechs Codices zuzuordnen (4, 14, 17a, 20, 29, 37), die alle aus dem Raum Mosel bzw. dem Niederrheingebiet stammen; drei der Handschriften besitzen eine kartäusische Provenienz (4, 20, 37), und zwei weitere Codices befanden sich in Bibliotheken von Kreuzherrenklöstern, die in einem engen Austausch mit Kartäusern standen (14, 17a).

Neben diesen beiden Klassen der ‚lateinischen Langfassung' ist die ‚Vision des Mönchs von Eysnham' in weiteren lateinischen Redaktionen überliefert.[56] So lässt sich eine zisterziensische Fassung greifen, die in einer Handschrift wohl vollständig, in einem weiteren Codex in Teilen sowie in einem Rezeptionszeugnis auszugsweise tradiert ist (im Folgenden: Fassung D): Diese Redaktion ist damit bereits um 1200 in einer Exempelsammlung eines französischen Zisterzienserklosters zu fassen (Paris, Bibliothèque Nationale de France, ms. lat. 15912), außerdem in einer französischen Handschrift wohl ebenfalls mit einer zisterziensischen Provenienz (27) und in einem Überlieferungszeugen aus Spanien (18).[57]

Eine lateinische kontinentale Fassung des Spätmittelalters aus kartäusischem Umfeld (im Folgenden: Fassung E) ist seit dem späten 14. Jahrhundert in fünf Handschriften dokumentiert (2, 3, 19, 32, 36).[58] Diese Fassung E bildete die Vorlage für eine weitere Bearbeitung, die lediglich in einem im ausgehenden 14. Jahrhundert geschriebenen Codex in Fribourg überliefert ist (11a).[59] Vier weitere lateinische Redaktionen, die ebenfalls in jeweils nur einer Handschrift überliefert sind, stammen aus dem 13. Jahrhundert und der ersten Hälfte des 14. Jahrhunderts (1, 5, 8, 15a). Fast alle dieser vier

---

56 Eine Übersicht über die Redaktionen der ‚Vision des Mönchs von Eynsham' findet sich bei Bihrer, Bearbeitungspraxis, S. 104–107, danach Easting, Introduction, S. xxiv–xxv. Zur Definition des Forschungsbegriffs ‚Redaktion' vgl. Bihrer, Bearbeitungspraxis, S. 91–92, danach Weitemeier, Visiones, S. V. Zu Visionen als offene, unfeste bzw. instabile Texte und zur mittelalterlichen Bearbeitungspraxis dieser Berichte vgl. Bihrer, Offenbarungen, S. 241–243 und 246–247. In jüngster Zeit wurde verstärkt versucht, die Breite der Überlieferung von Visionen zu dokumentieren und editorisch zu erfassen, vgl. in Hinblick auf die ‚Visiones Georgii' Weitemeier, Visiones, und mustergültig für die ‚Visiones Pauli' Jirousková, Visio.

57 Die Handschriften der Fassung D wurden fälschlicherweise als jeweils eigenständige Redaktionen klassifiziert, vgl. Bihrer, Bearbeitungspraxis, S. 105–106.

58 Siehe unten, Kap. A.II. und Kap. B. Vgl. zu dieser Fassung Bihrer, Bearbeitungspraxis.

59 Siehe unten, Kap. A.II.6.

Bearbeitungen weisen starke Kürzungen und zum Teil umfangreiche Um-formulierungen auf.[60] Erhalten geblieben sind zudem Übersetzungen in Volkssprachen, so drei unabhängig voneinander entstandene Übertragungen in das Frühneuhoch-deutsche in insgesamt vier Handschriften (9, 12, 18a, 21); alle Übersetzungen besitzen die Fassung E als Vorlage.[61] Eine französische rhythmische Fassung ist verloren, aber von ihr liegt noch eine Rückübersetzung in das Lateinische vor (15).[62] Ein englischer Druck von 1483 dokumentiert eine mittelenglische Übersetzung.[63] Schließlich existieren, wie bereits erwähnt, zahlreiche Rezep-tionszeugnisse, die zum Teil wörtlich übernommene Passagen der ‚Vision des Mönchs von Eynsham' tradieren.[64]

4. Erstredaktor, Entstehungszeit und historische Einordnung

Unstrittig sind die Datierung und die Lokalisierung des Visionserlebnisses selbst: Zahlreiche Incipits in den Handschriften, Chroniken, der Prolog der Vision Thurkills und vor allem der Text der Vision selbst überliefern, dass die Offenbarung zu Ostern 1196 im Kloster Eynsham geschah.[65]

---

60 Zu diesen Fassungen und zur jeweiligen Bearbeitungspraxis vgl. Bihrer, Bearbei-tungspraxis, S. 105–106. Zu der in der Handschrift Barcelona, Archivo de la corona de Aragon Ripoll, cod. 41, f. 3ra–27vb, (1) überlieferten lateinischen Redak-tion vgl. inzwischen die Studie Torra, Liber, mit einer ausführlichen Handschriften-beschreibung, ebd., S. 261–262, einer Korrektur der bei Bihrer, Bearbeitungspraxis, S. 115, angeführten Folio-Angaben, vgl. Torra, Liber, S. 263, sowie einer Kapitel-konkordanz der ‚Vision des Mönchs von Eynsham' und der Edition des Prologs der Bearbeitung, vgl. ebd., S. 264–267. Die Bearbeitungspraxis der im Codex Cambridge, Trinity College Library, cod. B.XV.36, f. 41va–50va, (8) tradierten Redaktion wurde von Wilson, Dissemination, S. 37–83, umfassend untersucht; gemäß Wilson besaß diese Bearbeitung eine Handschrift der Fassung B als Vorlage, vgl. ebd., S. 32–37.
61 Siehe unten, Kap. A.II.6.
62 Vgl. zu dieser Fassung Stein, Rückübersetzung.
63 Die Übersetzung wurde von William de Machlinia gedruckt, vgl. London, British Library, shelfmark IA.55449, und Oxford, Bodleian Library, shelfmark Auct. IQ.5.28. Erstmals wurde diese mittelenglische Übersetzung wieder abgedruckt in *Revelation, ed. Arber*, vgl. jetzt die Neuedition *Revelation, ed. Easting*, mit einer umfassenden Einleitung und einem Kommentar, vgl. ebd., S. 173–216, und Easting, Introduction, S. xliii–lxxiv. Nach Easting wurde die mittelenglische Über-setzung nach einer Vorlage aus der Handschriftenklasse C angefertigt, vgl. ebd., S. lviii–lx. Vgl. zu diesem Druck auch die Studie Easting, Heart.
64 Siehe oben, Kap. A.I.1.
65 Zur späteren Verwechslung des Klosters Eynsham mit dem Konvent von Evesham vgl. Easting, Introduction, S. xxx–xxxi.

Die Erstgründung des nach dem westlich von Oxford an der Themse gelegenen Ort Eynsham benannten Klosters (Diözese Lincoln) geht auf die Initiative des Adeligen Aethelmaer († nach 1013) zurück. In einer auf das Jahr
1005 datierten Urkunde bestätigte König Aethelred II. († 1016) diesem das
Recht zur Klostergründung.[66] Erster Abt des Klosters war der von Aethelmaer
geförderte Mönch Aelfric ‚Grammaticus' († nach 1010), einer der größten
Gelehrten seiner Zeit. Über diesen Zeitraum bis zur Zerstörung des Klosters
während der normannischen Eroberung Englands im Jahr 1066 schweigen die
Quellen fast vollständig. Die Ländereien des Klosters fielen offensichtlich an
die Diözese Dorchester, die seit 1067 dem normannischen Bischof Remigius
(† 1092) unterstand.[67] Im Zuge der politischen sowie kirchlichen Neuordnung
des Landes verlegte er 1072 seinen Bischofssitz nach Lincoln.

Eine Wiedereinrichtung der Abtei bereits im Jahr 1086 ist unwahrscheinlich,[68] vielmehr gründete Remigius 1091 die Benediktinerabtei von Stow[69] in
der Nähe von Lincoln als bischöfliches Eigenkloster. Bischof Robert Bloet von
Lincoln († 1123) machte die von seinem Vorgänger Remigius angestrengte
Verlegung des Konvents von Eynsham nach Stow wieder rückgängig. Wann
die Rückkehr der Mönche nach Eynsham realisiert war und dort wieder ein
geregeltes Klosterleben praktiziert wurde, ist indes unklar.[70] Dabei wurde der
vom König an die Abtei von Stow verliehene Rechtsstatus als Eigenkloster
des Bischofs von Lincoln auf Eynsham übertragen. Fast 100 Jahre später ver-
teidigte Bischof Hugo von Lincoln († 1200) dieses Privileg erfolgreich gegen
König Heinrich II. (1154–1189).[71] Die Neugründung des Benediktinerklosters
Eynsham an seinem ursprünglichen Ort bildete den Auftakt zunehmender
geistlicher Betätigung und wirtschaftlicher Prosperität der Abtei, die überdies
von zahlreichen königlichen Privilegien profitierte.[72] Ferner diente das der
Königspfalz Woodstock nahe gelegene Kloster als Gastung für den König.
Ab dem 13. Jahrhundert nahm die Bedeutung der Abtei jedoch stetig ab.[73]

---

66 Zur Gründungsurkunde und ihrem genauen Inhalt, zu König Aethelred II. und zu
   Aethelmaer vgl. mit weiterführender Literatur Gordon, Eynsham Abbey, S. 4–28.
67 Vgl. Chambers, Eynsham, S. 2, und Gordon, Eynsham Abbey, S. 51.
68 So *Cartulary of the Abbey of Eynsham, ed. Salter*, Bd. 1, S. IX–X.
69 Zum Kloster Stow vgl. Gordon, Eynsham Abbey, S. 61–74.
70 Vgl. Gordon, Eynsham Abbey, S. 75. Gordon zieht den von Salter dafür ange-
   setzten Zeitraum zwischen 1094 und 1100 in Zweifel und favorisiert das von der
   Wiedergründungsurkunde König Heinrichs I. (1100–1135) überlieferte Jahr 1109
   als definitiven ‚terminus post quem', vgl. Gordon, Eynsham Abbey, S. 77–79.
71 Vgl. dazu Gordon, Eynsham Abbey, S. 121–124.
72 Vgl. Chambers, Eynsham, S. 3, und Gordon, Eynsham Abbey, S. 89, vgl. zudem
   Hardy, Eynsham, eine gleichwohl eher populärwissenschaftliche Darstellung, in
   welcher aber jüngere archäologische Untersuchungen rezipiert wurden.
73 Vgl. Gordon, Eynsham Abbey, S. 147–148.

Unter König Heinrich VIII. (1509–1547) wurde das Kloster Eynsham am
4. Dezember 1538 aufgelöst.[74]

Gesicherte Aussagen zu den Personen des Erstredaktors, des Visionärs und
der möglichen Auftraggeber sowie zum exakten Zeitpunkt der Niederschrift
der Jenseitsreise lassen sich kaum machen.[75] In einem Incipit zur ‚Vision des
Mönchs von Eynsham' werden in der Handschrift Oxford, Bodleian Library,
cod. Digby 34, aus dem frühen 13. Jahrhundert der Visionär als Mönch Edmund und der Erstredaktor als Prior Adam identifiziert. Auch im Prolog zur
Vision des Bauern Thurkill (1206) wird Adam von Eynsham als Redaktor der
‚Vision des Mönchs von Eynsham' genannt; dieser sei 1196 Subprior gewesen,
zudem Kaplan des Bischofs Hugo von Lincoln. Nach Adams eigener Aussage
trat er dagegen erst im November 1197 in den Haushalt des Bischofs ein, dem
er bis zum Tod Hugos im Jahr 1200 angehörte.[76] Adam lässt sich im ‚Eynsham
Cartulary' nachweisen, doch nur während seiner späteren Regentschaft als
Abt (1213/14–1228); Hinweise auf sein Wirken als ein Prior oder Redaktor
der Vision enthalten die Urkundentexte nicht.[77] Es lässt sich nicht in allen
Einzelheiten klären, wo sich Adam zwischen Hugos Tod und seinem Amts-
antritt als Abt aufhielt. Es besteht die Möglichkeit eines Aufenthalts in Frankreich während des Interdikts in England 1207–1213. Im Jahr 1211 befand
sich Adam wieder in England. Er verfasste zu Beginn des 13. Jahrhunderts
(wohl um 1206 bis um 1212) die Vita Hugos von Lincoln.[78] In dieser Vita
finden sich jedoch weder Hinweise auf die Vision in Hugos Eigenkloster noch
auf eine Identität des Verfassers der Vita mit dem Erstredaktor der ‚Vision
des Mönchs von Eynsham'. Indes dürfte Adam von Eynsham aufgrund der
Nennung in der Oxforder Handschrift und im Prolog der ‚Visio Thurkilli'
dennoch mit dem Erstredaktor zu identifizieren sein.

Nur das bereits angesprochene Incipit der Handschrift Oxford, Bodleian Library, cod. Digby 34, aus dem beginnenden 13. Jahrhundert erwähnt
als einziger früher Überlieferungszeuge zusätzlich den Namen des Visionärs

---

74 Vgl. Gordon, Eynsham Abbey, S. 102.
75 Die Überlegungen zur Genese des Visionsberichts basierten im Wesentlichen auf
   den folgenden Quellen: dem im frühen 13. Jahrhundert geschriebenen Codex
   Oxford, Bodleian Library, cod. Digby 34, der ‚Visio Thurkilli' (1206), dem
   ‚Eynsham Cartulary' und der ‚Magna Vita Hugonis'. Kerstin Losert untersucht
   in ihrem Aufsatz sorgfältig deren Informationsgehalt sowie deren Zuverlässigkeit
   und setzt sich auf dieser Grundlage ausführlich mit den Meinungen der bislang
   maßgeblichen Forschungsliteratur auseinander, vgl. Losert, Adam von Eynsham,
   zu den genannten Quellen S. 10–15. Zuletzt äußerte sich Easting, Introduction,
   S. xxxiii–xliii, eingehend zu diesem Themenkomplex.
76 Vgl. Losert, Adam von Eynsham, S. 16, mit Quellenangabe in Fußnote 60.
77 Vgl. *Cartulary of the Abbey of Eynsham, ed. Salter.*
78 Vgl. Douie/Farmer, Introduction, S. vii–liv.

Edmund. Die in der Forschung verbreitete Annahme einer leiblichen Verwandtschaft Edmunds mit dem Erstredaktor geht ebenfalls nur auf dieses Incipit zurück, wobei Kerstin Losert zu Recht feststellte, dass mit der Formulierung *Eadmundus monachus bone indolis adolescens frater ipsius scilicet prioris* [Adam][79] auch lediglich die Ordensbruderschaft gemeint sein könnte.[80] Überdies wurde in der Forschung ein in der ‚Vita Hugonis' erwähnter Hostienvisionär angeführt und mit dem Visionär Edmund identifiziert,[81] dessen Name in der Vita aber ungenannt bleibt; dieser soll, so die Hypothese, um 1169 geboren worden sein und 1194 eine Hostienvision erlebt haben.[82] Losert kommt nach eingehender Erörterung dieser Frage zu folgendem Ergebnis: „Es ist keineswegs zwingend, daß die in Vita und Vision beschriebenen Visionäre identisch sind, unabhängig davon, wen man als Verfasser der beiden Werke ansieht."[83] Anhaltspunkte zum Leben des Visionärs können somit nur die Angaben aus der ‚Vision des Mönchs von Eynsham' selbst geben: Im Januar 1195 wurde er Mönch, anschließend lag er 15 Monate krank danieder, bevor er an Ostern 1196 seine Vision hatte. Schlussfolgerungen aus den Biographien der Sünder und der Lage von Kirchen mit einem Patrozinium des heiligen Nikolaus, dem Führer des Visionärs im Jenseits (der aber zugleich Patron aller Reisenden war), in Hinblick auf eine nähere regionale und familiäre Einordnung des Visionärs müssen Spekulation bleiben.[84]

Mehrfach werden in der ‚Vision des Mönchs von Eynsham' Autoritäten genannt, welche die Niederschrift der Offenbarung unterstützt haben sollen (Prolog, Cap. LVII, LVIII). Will man diese Erwähnungen nicht topisch verstehen, so kommen Salter zufolge der Diözesanbischof und Eigenklosterherr Hugo von Lincoln und Thomas von Binham, der nach dem Thurkillprolog 1196 Prior von Eynsham war, als Förderer in Betracht.[85] Letzterer ist bis 1207/13 als Prior von Binham belegt; auch im ‚Eynsham Cartulary' findet sich kein Hinweis darauf, dass Thomas von Binham Prior von Eynsham gewesen sein soll. Wann bzw. ob Thomas Prior wurde und ob er überhaupt an der Niederschrift der ‚Vision des Mönchs von Eynsham' beteiligt war, kann nicht geklärt werden.

---

79 Zitiert nach Losert, Adam von Eynsham, S. 10.
80 Vgl. Losert, Adam von Eynsham, S. 10. Die jüngere Forschung hält es hingegen weiterhin für wahrscheinlich, dass der Visionär Edmund der leibliche Bruder des Erstredaktors Adam gewesen sei, vgl. Easting, Introduction, S. xlii, und Wilson, Dissemination, S. 26.
81 Die Textstelle bei Losert, Adam von Eynsham, S. 20, Fußnote 78.
82 Vgl. dazu Losert, Adam von Eynsham, S. 19–25. Als Vertreter dieser Ansicht nennt Losert Salter und Thurston, vgl. ebd., S. 20, Fußnote 79.
83 Losert, Adam von Eynsham, S. 25.
84 Gegen Salter, Introduction, S. 264–273.
85 Vgl. Salter, Introduction, S. 287.

Eine Verbindung Bischof Hugos zur Vision stellte vor allem die spätere kartäusische Tradition heraus.[86] In der ‚Vision des Mönchs von Eynsham' und in der ‚Vita Hugonis' gibt es zwar mögliche Hinweise auf die Beteiligung des Bischofs von Lincoln an der Verschriftlichung der Vision. Sie sind dennoch zu vage, um aus ihnen eine direkte Initiative Hugos für die Abfassung der ‚Vision des Mönchs von Eynsham' abzuleiten. Der Heiligenvita ist lediglich zu entnehmen, dass Hugo die Niederschrift der Visionen des jungen anonymen Klerikers, der die Hostienvision hatte, veranlasste; die Jenseitsreise des Mönchs von Eynsham wird aber nicht erwähnt. Inwieweit Hugo im Rahmen der Auseinandersetzung mit König Richard I. (1189–1199) um das Kloster während der Vakanz des Abtsstuhls der Jahre 1196/97 die Aufzeichnung der ‚Vision des Mönchs von Eynsham' förderte oder diese für seine Interessen instrumentalisierte, muss offen bleiben.[87]

Schwierig gestaltet sich auch die Bestimmung des zeitlichen Rahmens, in dem der Erstredaktor den Visionsbericht schriftlich festhielt. Aufgrund der ungenauen Zeitangaben sowie der uneinheitlichen Erwähnung der Ämter des mutmaßlichen Verfassers Adam – wobei quellenimmanente Irrtümer nicht auszuschließen sind – hält Losert eine genau nachvollziehbare Chronologie, wie sie Salter rekonstruiert,[88] der die Niederschrift im Jahr 1196, einen Abbruch während der Wirren um den Abtsstuhl und eine Überarbeitung und Vollendung für das Jahr 1197 – also bevor Adam bischöflicher Kaplan wurde – postuliert, für unmöglich: „Mit hoher Wahrscheinlichkeit wurde der Visionstext in den Monaten nach Ostern 1196 begonnen; wie lange insgesamt an dem Werk geschrieben wurde, lässt sich indessen nicht entscheiden."[89] Da die handschriftliche Überlieferung schon mit dem Beginn des 13. Jahrhunderts einsetzt und der kurz nach 1206 entstandene Thurkillprolog bereits von dem Ruhm der ‚Vision des Mönchs von Eynsham' spricht, dürfte die Jenseitsreise vielleicht schon vor der Jahrhundertwende, sicher aber nicht lange nach 1200 beendet worden sein.

---

86 „Entscheidender als die Frage nach Hugos tatsächlicher Beteiligung an der Verschriftlichung der Vision ist dabei für die Überlieferung der Vision durch die Kartäuser die Überlegung, ob diese eine Beziehung zwischen ihrem Ordenspatron und der Jenseitsschau von Eynsham herstellten." Mangei, Bedeutung, S. 146. Zur Verbindung Hugos von Lincoln zur ‚Vision des Mönchs von Eynsham' vgl. auch Mangei, Kartäuserorden, S. 293, und Wilson, Dissemination, S. 83–93, zur Bedeutung Hugos bei den Kartäusern im Allgemeinen vgl. Mangei, Bedeutung, S. 145–148.

87 Vgl. dazu Dengler, Auswahl.

88 Zu Salters Argumentation vgl. Losert, Adam von Eynsham, S. 16–17.

89 Losert, Adam von Eynsham, S. 17.

5. Aufbau und Inhalt

Die Schilderung der Jenseitsreise des Mönchs von Eynsham (Cap. XIV–LVI) ist in eine umfangreiche Rahmenhandlung (Cap. I–XIII, LVII–LVIII) eingebettet,[90] in der in den Worten des Erstredaktors und dann in denen des Visionärs von dessen Krankheit, seiner Trance, den Reaktionen seiner Mitbrüder und den Wiederbelebungsversuchen sowie den früheren Erscheinungen und dem Vollzug religiöser Zeremonien durch den Entrückten berichtet wird. Die Schilderung, wie der geheilte Visionär erwacht, beschließt die Erzählung. Eingeschoben werden mehrere Authentizitätsbeweise, so ein älteres Kreuzeswunder (Cap. XIII), die spätere Erscheinung des vom Visionär im Jenseits gesehenen trunksüchtigen Goldschmieds bei dessen Frau (Cap. XXIII) sowie, neben der wundersamen Heilung, ein Mal am Körper des Visionärs (Cap. LVIII).

Bei der Jenseitsreise selbst, die von der Nacht auf Karfreitag bis zur Nacht auf Ostersonntag dauert, führt der heilige Nikolaus den Entrückten zuerst durch drei Orte des Fegefeuers (Cap. XIV–XLVIII), dann durch das Paradies (Cap. XLIX–LVI). Dabei durchläuft der Visionär zweimal das Purgatorium: Zuerst besucht er nacheinander alle drei Fegefeuerorte, wobei deren Topographie beschrieben und die an ihnen weilenden Sündergruppen charakterisiert werden; an jedem der drei Orte erzählt ein Sünder – eine Prostituierte, ein Goldschmied und ein Rechtsgelehrter – ausführlich seine Lebensgeschichte. Die Prostituierte und der Goldschmied dürfen auf die Hilfe der heiligen Margaretha bzw. des heiligen Nikolaus hoffen, der Rechtsgelehrte bleibt im Hinblick auf seine Rettung jedoch im Ungewissen (Cap. XIV–XXVI). In einem zweiten Durchlauf reist der Visionär nur noch durch die beiden ersten Straforte (Cap. XXVII–XXXIII bzw. XXXIV–XLVIII). Dort lernt er die Lebensgeschichten zahlreicher Geistlicher, aber desgleichen einiger Laien kennen; unter ihnen befindet sich auch König Heinrich II.

Im abschließend besuchten Paradies (Cap. XLIV–LVI), das sich zunächst als ein Feld voller Blumen, später als ein von einer kristallenen Mauer umgebener Bezirk darstellt, erfährt der Visionär die Lebensgeschichten einiger geretteter Geistlicher. Schließlich darf er den leidenden Jesus am Kreuz, dann den thronenden Christus schauen; der Zugang zum Himmel der Himmel, wo Gott präsent ist, bleibt ihm indes verwehrt.

Die Forschung hat sich in erster Linie mit den Entstehungsumständen und der Überlieferung der ‚Vision des Mönchs von Eynsham' befasst, eine inhaltliche Deutung wurde erst in Ansätzen und dabei meist im Kontext der

---

90 Ausführliche Inhaltsangaben bei Salter, Introduction, den jeweiligen Kapiteln zugeordnet; vgl. auch die Übersichten bei Ehlen/Mangei/Stein, Einleitung, S. IX–XIII, Easting, Visions, S. 90–92, und vor allem die umfassende Darstellung bei Easting, Introduction, S. lxxiv–xcviii.

Behandlung anderer Jenseitsvisionen des Hochmittelalters erarbeitet.[91] Gleichwohl wurden einige Spezifika dieser Vision herausgestellt, die im Folgenden
knapp zusammengefasst werden sollen. Eine umfassende inhaltliche und
gedankliche Erschließung dieser Jenseitsreise stellt aber noch ein dringendes
Desiderat der Forschung dar.

Die ‚Vision des Mönchs von Eynsham‘ weist zahlreiche strukturelle Analo-
gien zu den anderen Visionen des Hochmittelalters auf, insbesondere zu den
beiden anderen ebenfalls breit rezipierten Jenseitsreisen des 12. Jahrhunderts,
die ‚Visio Tnugdali‘ und das ‚Purgatorium Patricii‘. Doch vor allem vier Eigenheiten der Vision nehmen aktuelle Diskurse des ausgehenden 12. Jahrhunderts auf und deuten bereits auf gedankliche Entwicklungen des folgenden
Jahrhunderts hin.

(1) Die ‚Vision des Mönchs von Eynsham‘, eine der umfangreichsten Jen-
seitsoffenbarungen des europäischen Mittelalters, zeichnet sich durch ihre
detailreiche Beschreibung aus. Da sie überdies in stilistisch anspruchsvollem
Latein verfasst ist, wurde sie in späteren Bearbeitungen und Übersetzungen
fast immer zum einen gekürzt, zum anderen sprachlich vereinfacht. Die Tendenz zur detaillierten Schilderung trifft ebenfalls auf die Rahmenhandlung zu,
die ausführlich wie keine andere Jenseitsvision die Umstände der Offenbarung
und das Klosterleben beschreibt. Zusammen mit den eingefügten expliziten
Authentizitätsbeweisen wie Wundern und späteren Erscheinungen dient die
Rahmenhandlung dazu, die Glaubwürdigkeit des Gesehenen zu verbürgen.
Darüber hinaus wurde die Vision in die Osterliturgie eingebunden und das
Heilsgeschehen der Karwoche auf den Visionär und dessen Heilung bezogen.

(2) Den gängigen moralischen Zielsetzungen der Visionsliteratur entspre-
chen die Intentionen des Erstredaktors und der späteren Bearbeiter, zwar das
Verhalten aller Schichten zu kommentieren, in erster Linie jedoch Kleriker in
den Blick zu nehmen. Auffallend ist gleichwohl die große Zahl an Geistlichen
jeder Stellung, von der Inkluse bis zum Erzbischof, die schon bei geringsten
Vergehen bestraft werden. Die Kleruskritik richtet sich in erster Linie gegen
Versäumnisse und die Vernachlässigung der Pflichten durch die Geistlichen
und den Missbrauch ihrer Position. Die ‚Vision des Mönchs von Eynsham‘
unterscheidet sich vor allem in ihrem besonderen Augenmerk auf die Biographien der Sünder deutlich von anderen Werken der Offenbarungsliteratur:
Die Ausstattung der Straforte und die Details der Foltermethoden stehen eher
am Rande, es findet sich nur ein geringes Interesse an der Jenseitstopographie

---

91 Lediglich ein längerer Abschnitt in dem Aufsatz Dinzelbacher, Beginnings, S. 113–
    119, aus dem Jahr 1987 und einige Beiträge des Sammelbands Ehlen/Mangei/Stein,
    Visio, von 1998 widmen sich neben den unpublizierten Masterarbeiten Zettle,
    Voice, Penkett, Sinners, und Cremonesi, Visiones, ausschließlich der inhaltlichen
    Deutung der ‚Vision des Mönchs von Eynsham‘.

und der exakten Abteilung der Jenseitsorte, was sich zudem an den beiden Durchläufen, die spätere Bearbeiter mit Blick auf einen klareren Aufbau zum Teil auflösten, zeigt. Seltener als in anderen Jenseitsreisen wird über Gruppen von anonymen Sündern berichtet und damit in geringerem Maß auf abstrahierte Sünden verwiesen. Der erste Durchlauf ist mit seiner Schilderung der Jenseitstopographie und der dort bestraften Sünder auf den ersten Blick noch konventionell im Aufbau, jedoch finden sich bereits hier breit erzählte Biographien dreier Verstorbener. Diese sind keine typisierten Ständevertreter oder Symbolisierungen von Sünden; vielmehr treten ihr individueller Lebensweg, ihre persönlichen Verfehlungen in den Vordergrund – nicht Sünden, sondern Sünder werden gezeigt. Somit fehlt weitgehend ein Interesse an der Klassifikation von Sünden und den entsprechenden Vergeltungen; niedergeschrieben ist, welche Strafen für welchen Lebensweg, für welche individuellen Umstände im Jenseits verhängt werden. Diese Darstellungstendenz findet sich im zweiten Durchlauf noch in verstärktem Maß; die aufeinander folgenden Monologe der Verstorbenen muten wie eine Abfolge von Beichten an. Zu Wort kommen neben bekannten Persönlichkeiten der Zeit vor allem Menschen aus der Umgebung des Visionärs. Spätere Bearbeiter und Übersetzer nivellierten meist die individuellen Biographien, wobei diese Typisierung zur Anpassung an andere Zeiten und Regionen überdies der Authentisierung der Vision dienen sollte; dies hatte jedoch zugleich einen Rückschritt in der literarischen Umsetzung und der theologischen Durchdringung zur Folge.

(3) Es dürfte kein Zufall sein, dass von einem Besuch des Visionärs in der Hölle nicht berichtet wird, denn so schwer die Verstorbenen im Fegefeuer auch leiden müssen, im Vordergrund der Darstellung steht das Interesse am Prozess der Reinigung, an der Erlösung der Leidenden. Immer wieder stellt der theologisch gebildete Erstredaktor heraus, dass die Strafen leichter werden und die Hoffnung auf Rettung berechtigt ist. Neben der Bedeutung richtiger Lebensführung, regelmäßiger Gebete und der Verehrung von Heiligen betont er, dass die Almosen und Gebete der Nachkommen den im Jenseits Bestraften helfen. Der fließende Übergang von den Straforten zum Paradies unterstreicht die beinahe optimistische Darstellung des Jenseits in der ‚Vision des Mönchs von Eynsham'.

(4) Als viertes Charakteristikum können die leidensmystischen Passagen in der ‚Vision des Mönchs von Eynsham' genannt werden, die vor allem Peter Dinzelbacher herausgearbeitet hat.[92] Er nennt als Auffälligkeiten dieser Jenseitsreise die Akzentuierung der Darstellung von Emotionen, so durch das Weinen insbesondere des Visionärs, dessen in der Rahmenhandlung geschilderte Kreuzesverehrung sowie die Anbetung des leidenden Gekreuzigten im Paradies am Ende der Vision. Die für das ausgehende 12. Jahrhundert auf den

---

92 Vgl. Dinzelbacher, Beginnings, S. 113–119.

ersten Blick neue christozentrische Spiritualität, die auf die Mystikerinnen und
Mystiker des 13. Jahrhunderts verweisen mag, besitzt ihre Wurzeln jedoch
in erster Linie in den spirituellen Vorbildern der ersten Hälfte des 12. Jahrhunderts wie Rupert von Deutz († 1129), Bernhard von Clairvaux († 1153)
oder Aelred von Rievaulx († 1167), aber auch in allgemeinen Tendenzen der
zisterziensischen und kartäusischen Frömmigkeit des 12. Jahrhunderts.

Insgesamt kann somit herausgestellt werden, dass sich die ‚Vision des
Mönchs von Eynsham‘ vor allem durch vier Eigenheiten auszeichnet: Neben
den geschickt verwobenen Authentisierungsstrategien, der individualisierenden
Darstellung der Sünder und der Heilszuversicht fallen als gleichsam moderne
Elemente viertens die leidensmystischen Passagen auf. Aufgrund dieser zu-
kunftsweisenden Konzeption bildet die ‚Vision des Mönchs von Eynsham‘
zusammen mit der literarisch, ja theatralisch stilisierten Vision Thurkills den
Höhe- und Endpunkt der früh- und hochmittelalterlichen Jenseitsreisen.

II. Die kartäusische Redaktion des Spätmittelalters (Fassung E)

1. Vorbemerkung

Die nachfolgende Edition der Fassung E der ‚Vision des Mönchs von Eynsham‘
dokumentiert die für eine lateinische Kurzfassung, die in einer Fribourger
Handschrift überliefert ist, sowie für sämtliche deutschsprachige Übersetz-
zungen maßgebliche Bearbeitung der Langfassung. Mit fünf Handschriften
ist die Fassung E im Vergleich zu den anderen Redaktionen der ‚Vision des
Mönchs von Eynsham‘, die abgesehen von den Fassungen B, C und D in
jeweils nur einem Überlieferungsträger greifbar sind, sehr viel breiter tradiert.

2. Handschriften

Basel, Universitätsbibliothek, cod. A VI 16

Sigle: bs

Vision des Mönchs von Eynsham (Fassung E): f. 185^r–211^r

kurz vor 1487   •   Hieronimus Zscheckenbürlin, Basel

28 x 20,5 cm   •   226 Blätter   •   Papier

f. 185^r *Incipit uisio cuiusdam nouicii rapti in partibus Anglie.*

Der Codex weist eine Datierung in das Jahr 1487 auf (f. 140^v). Der ur-
sprüngliche Besitzer der Basler Handschrift war Hieronimus Zscheckenbürlin
(Spiegelblatt vorn: *Pro hieronimo zschegkenbürlin*). Dieser schenkte aus An-
lass seines Eintritts in den Konvent im Jahr 1487 der Basler Kartause seine

Bibliothek.[93] Dabei übergab er auch den Codex mit der ‚Vision des Mönchs von Eynsham' an die Kartause: *Liber Cartusiensium In Basilea proueniens a confratre nostro hieronimo zschegkenbürlin* (f. 1[r]). Hieronimus Zscheckenbürlin wurde 1461 als Sohn eines reichen und einflussreichen Basler Bürgers geboren. Nach dem Abschluss seines juristischen Studiums in Orléans im Jahr 1484 trat er am 1. November 1487 in die Basler Kartause ein, wo Zscheckenbürlin von 1502 bis zu seinem Tod 1536 das Amt des Priors bekleidete.[94] Die Handschrift versammelt in erster Linie moraltheologische Schriften: Sie enthält den ‚Tractatus de quinque floribus mundi' (f. 3[r]–10[v]), Ps.-Augustins ‚Speculum peccatorum' (f. 10[v]–16[v]), Gerards van Vliederhoven ‚Cordiale de quattuor nouissimis' (f. 16[v]–61[r]), den ‚Tractatus de contemptu mundi' (f. 61[r]–79[v]) und das ‚Vocatorium ad Christi refectorium' (f. 79[v]–95[r]). Nach Exzerpten aus Ps.-Augustins ‚Liber de triplici habitaculo' (f. 95[r]) sowie aus Ludolfs von Sachsen ‚De uita Christi' (f. 96[v]) und Briefen des Ps.-Eusebius (f. 99[r]–140[v]), Ps.-Augustinus (f. 141[r]–148[r]) und Ps.-Cyrillus (f. 148[r]–185[r]) stehen am Ende des Codex die Abschriften von Jenseitsreisen, nämlich die ‚Vision des Mönchs von Eynsham' (Fassung E) (f. 185[r]–211[r]) und das ‚Purgatorium Patricii' (f. 211[v]–224[r]).

Der kalligraphisch ausgeführte und aufwendig ausgestattete Codex, geschmückt mit sorgfältig verzierten Initialen, belegt die bereits bei anderen Handschriften des Priors bemerkte „Bibliophilie Zscheckenbürlins"[95]. Die wenigen Korrekturen sind behutsam ausgeführt, um das Schriftbild nicht zu beeinträchtigen. Der Text wurde nicht glossiert, lediglich das Kolophon weist Bezüge unter anderem zu Johannes Chrysostomos nach (f. 211[r]). Die Basler Abschrift besitzt keine Überschriften.

Katalog: Scarpatetti, Beat Matthias von, Katalog der datierten Handschriften in der Schweiz in lateinischer Schrift vom Anfang des Mittelalters bis 1550, Bd. 1: Die Handschriften der Bibliotheken von Aarau, Appenzell und Basel, Text, Dietikon-Zürich 1977, S. 49.

Literatur: Burckhardt, Max, Bibliotheksaufbau, Bücherbesitz und Leserschaft im spätmittelalterlichen Basel, in: Moeller, Bernd/Patze, Hans/Stackmann,

---

93 Zur Geschichte der Basler Kartause vgl. Gilomen-Schenkel, Kartause, und insbesondere die Übersichtsdarstellung ebd., S. 57–86; zur Bibliothek der Basler Kartause vgl. Wilhelmi, Gelehrsamkeit, S. 24–27, und Gilomen-Schenkel, Kartause, S. 147–152, zu Bücherschenkungen Zscheckenbürlins an den Konvent vgl. Wilhelmi, Gelehrsamkeit, S. 22–24.

94 Einen knappen Überblick über die Lebensstationen Zscheckenbürlins bieten Burckhardt, Bibliotheksaufbau, S. 44, Wilhelmi, Gelehrsamkeit, S. 22–24, Gilomen-Schenkel, Basel, S. 85–86, Gilomen-Schenkel, Kartause, S. 148–49, und Hess, Zscheckenbürlin.

95 Vgl. Burckhardt, Bibliotheksaufbau, S. 49.

Klaus (Hg.), Studien zum städtischen Bildungswesen des späteren Mittelalters und der frühen Neuzeit (Bericht über Kolloquien der Kommission zur Erforschung der Kultur des Spätmittelalters 1978 bis 1981), Göttingen 1983, S. 33–52.

Gilomen-Schenkel, Elsanne, Basel, St. Margarethental, in: La chartreux en Suisse (Helvetia Sacra, Bd. III, 4), Basel 2006, S. 57–86.

Gilomen-Schenkel, Elsanne, Die Kartause in Basel – Porträt eines städtischen Klosters, in: Krieg, Heinz (Hg.), Kloster und Stadt am südlichen Oberrhein im späten Mittelalter und in der frühen Neuzeit (Markgräflerland 2011/2), Schopfheim 2011, S. 140–153.

Hess, Stefan, Zscheckenbürlin, Hieronymus, in: Historisches Lexikon der Schweiz, Bd. 13, Basel 2014, S. 753.

Wilhelmi, Thomas, Humanistische Gelehrsamkeit im Umkreis der Basler Kartause, in: Lorenz, Sönke (Hg.), Bücher, Bibliotheken und Schriftkultur der Kartäuser. Festgabe zum 65. Geburtstag von Edward Potkowski (Contubernium, Bd. 59), Stuttgart 2002, S. 21–27.

Berlin, Staatsbibliothek Preußischer Kulturbesitz, cod. theol. lat. fol. 705

Sigle: **be**

Vision des Mönchs von Eynsham (Fassung E): f. 26ʳ–41ᵛ

1560–1570 • Kartause St. Barbara in Köln

29–29,5 x 19,5 cm • 431 Blätter • Papier

f. 26ʳ *Visio cuiusdam monachi nigri ordinis in Anglia de penis purgatorii et gaudiis celi. Anno Domini MC96.*

f. 41ᵛ *Explicit uisio.*

Die Handschrift entstand in der Kölner Kartause St. Barbara (f. 1ʳ) für die insbesondere im 16. Jahrhundert blühende Klosterbibliothek.[96] Anhand der Wasserzeichen lässt sich der Codex in die Jahre zwischen 1560 und 1570 datieren; ein Eintrag vermerkt das Jahr 1570 (f. 174ᵛ). Möglicherweise wurde die Abschrift noch von Prior Gerhard Kalckbrenner (1536–1566) angestoßen, der im Dienst der katholischen Reform Bildung und Spiritualität in der Kölner Kartause nachdrücklich förderte.[97] Zudem lässt sich für das 16. Jahrhundert

---

96 „Die Kölner Kartause erlebte im 16. Jahrhundert ihre Apotheose", so Hoog, Kartause, S. 181. Vgl. auch Kammann, Kartause, eine umfassende Monographie zur Geschichte der Kölner Kartause; zur dortigen Bibliothek vgl. ebd., S. 221–227.

97 Zum Priorat Gerhard Kalckbrenners vgl. Kammann, Kartause, S. 335–351, zu den geistigen Interessen der Kölner Kartäuser im 16. Jahrhundert und insbesondere

ein besonderes Interesse der Kölner Kartäuser an Schriften über das Fegefeuer nachweisen, das von der Forschung als Reaktion auf die Herausforderungen der Reformation gedeutet wird.[98]

Die Papierhandschrift wurde von mehreren Händen geschrieben und besteht aus drei Teilen. Der erste enthält die ,Epistola domini Henrici de Coestueldia Carthusiensis de instructione iuuenum et nouiciorum ualde doctrinalis' (f. 2^r–25^r) und das ,Circumcisorium Mysticum' (f. 42^r–88^v) Heinrichs von Coesfeld. Ein zweiter Teil bringt eine Vielzahl kleinerer Texte zu Franziskus (f. 89^r–178^v), ein dritter das ,Psalterium Virginis Mariae' (f. 179^r–431^r) des Alanus de Rupe. Im ersten Teil steht zwischen den Werken des Kartäusers Heinrich von Coesfeld die ,Vision des Mönchs von Eynsham' (Fassung E) (f. 26^r–41^v).

Eine Korrekturhand verbesserte in einigen Fällen Fehler und schlecht lesbare Partien. Die Handschrift besitzt Überschriften, ein späterer Bearbeiter markierte zudem den Eintritt des Visionärs in neue Jenseitsorte. Der Text weist keine Glossen auf. Das Explicit verweist unter anderem auf Visionen des Ritters Rabodus und des Arnold Buschmann, die in einem heute noch erhaltenen Codex der Kölner Kreuzherren überliefert sind.[99]

Digitalisat: Manuscripta Mediaevalia. Digitalisierte Handschriften: http:// bilder.manuscripta-mediaevalia.de/hs//hs_b_tlf705/hs_b_tlf705.htm

Katalog: Becker, Peter Jörg/Brandis, Tilo, Die theologischen lateinischen Handschriften in Folio der Staatsbibliothek Preußischer Kulturbesitz Berlin, Bd. II/2: Ms. theol. lat. fol. 598–737, Wiesbaden 1985, S. 244–246.

Literatur: Hoog, James, Die Kartause Köln und Europa. Gelehrte Kartäuser zwischen Reform, Reformation und Gegenreformation, in: Schäfke, Werner (Hg.), Die Kölner Kartause um 1500. Eine Reise in unsere Vergangenheit, Aufsatzband, Köln 1991, S. 169–191.

Kammann, Bruno, Die Kartause St. Barbara in Köln (1334 bis 1953). Kontinuität und Wandel. Ein Beitrag zur Kirchen- und Stadtgeschichte Kölns (Libelli Rhenani, Bd. 33), Köln 2010.

Marks, Richard Bruce, The medieval Manuscript Library of the Charterhouse of St. Barbara in Cologne (Analecta Cartusiana, Bd. 21), Salzburg 1974.

Kalckbrenners vgl. Hoog, Kartause, Kammann, Kartause, S. 350, und Mangei, Kartäuserorden, S. 314–315.

98 So Hoog, Kartause, S. 174.

99 Es handelt sich um den Kölner Codex GB f° 86, vgl. zu dieser Handschrift Vennebusch, Handschriften, S. 26–34. Zum Austausch zwischen den Kölner Kartäusern und den Kölner Kreuzherren vgl. Mangei, Bedeutung, S. 139–140 und 152.

Vennebusch, Joachim, Die homiletischen und hagiographischen Handschriften des Stadtarchivs Köln, Handschriften der Gymnasialbibliothek, Bd. 1, Köln/Weimar/Wien 1993.

Mainz, Stadtbibliothek, cod. I 289
Sigle: mz
Vision des Mönchs von Eynsham (Fassung E): f. 35^r–54^r

Ende des dritten Viertels des 14. Jahrhunderts • Kartause St. Michael in Mainz

15 x 11 cm • 97 Blätter • Pergament und Papier

f. 35^r *Incipit mirabilis uisio cuiusdam monachi rapti in spiritu.*

Der Codex war im Besitz der 1323/1326 gegründeten Mainzer Kartause St. Michael.[100] Dies belegt auch ein Besitzvermerk aus dem 14. Jahrhundert (*Domus Sancti Michaelis prope Moguntiam* f. 3^r).[101] Zwei Abschriften von Urkunden aus den Jahren 1371 (f. 95^{r-v}) und 1369 (f. 22^{r-v}) sowie der paläographische Befund lassen es wahrscheinlich erscheinen, dass die Handschrift an das Ende des dritten Viertels des 14. Jahrhunderts datiert werden muss. Der Hand, welche die ‚Vision des Mönchs von Eynsham' (Fassung E) niederschrieb, kann die bereits erwähnte Abschrift eines in das Jahr 1371 datierten Privilegs für den Kartäuserorden (f. 95^{r-v}) zugewiesen werden.[102] Zur Zeit der Entstehung des Codex wurde die Bibliothek der Mainzer Kartause aufgebaut; später lassen sich enge Beziehungen zu anderen kartäusischen Bibliotheken belegen, so auch zum Basler Konvent.[103]

Die Pergamenthandschrift mit eingebundenen Papierseiten (f. 1, 2, 96) enthält ein deutschsprachiges Gebet (f. 3^r–7^v) und Auszüge aus der ‚Regula uere uite de passione Domini' (f. 8^r–22^v) von zwei Händen. Die dritte Hand schrieb das ‚Purgatorium Patricii' (f. 23^r– 32^v), Auszüge aus dem ‚Speculum historiale' des Vinzenz von Beauvais (f. 33^r–34^v und f. 73^v–79^v), die ‚Vision des Mönchs von Eynsham' (Fassung E) (f. 35^r–54^v), Exzerpte aus Bernhards von Clairvaux ‚De contemptu mundi et de die iudicii' (f. 54^r–58^v), Auszüge

---

100 Vgl. umfänglich zur Geschichte und Verfassung der Mainzer Kartause Simmert, Mainz, allerdings werden in dieser Monographie die Geschichte der Bibliothek und die geistigen Interessen der Mainzer Kartäuser weitgehend ausgespart.

101 Die Datierung des Besitzvermerks folgt der zeitlichen Einordnung in der eingehenden Handschriftenbeschreibung bei List, Handschriften, S. 100–103.

102 Die Zuweisung der Privilegienabschrift an die dritte Hand folgt der Handschriftenbeschreibung bei List, Handschriften, S. 100–103.

103 Umfassend zur Bibliothek der Mainzer Kartause Schreiber, Kartause Mainz, zu den Verbindungen nach Basel vgl. mit Belegen für Handschriftenwanderungen ebd., S. 84–95.

aus dem ‚Horologium sapientie' Heinrich Seuses (f. 59ʳ–63ʳ), ‚Vera forma uite perfecte in hac miseria' (f. 63ᵛ–68ʳ), ein Gebet (f. 68ᵛ–73ʳ), die ‚Moralia super Iob' (f. 73ʳ–79ʳ) Gregors des Großen und die ‚Stella clericorum' (f. 79ᵛ–95ʳ). Innerhalb dieser Gruppe der von der dritten Hand niedergeschriebenen kurzen Texte und Exzerpte meist über das Jenseits, die vom ‚Purgatorium Patricii' eröffnet werden, bildet die ‚Vision des Mönchs von Eynsham' (Fassung E) das längste Werk.

Eine spätere Hand schrieb die ‚Vision des Mönchs von Eynsham' Petrus Venerabilis (*petrus cluniacensis* f. 35ʳ) zu. Der Text weist kaum Korrekturen auf, diese wenigen stammen ausschließlich von der Schreiberhand. Die Abschrift ist schmucklos, die Initialen sind schlicht. Überschriften oder Glossen finden sich nicht.

Katalog: List, Gerhard, Die Handschriften der Stadtbibliothek Mainz, Bd. 3: Hs I 251 – Hs I 350, Wiesbaden 2006, S. 100–103.

Literatur: Schreiber, Heinrich, Die Bibliothek der ehemaligen Mainzer Kartause. Die Handschriften und ihre Geschichte (Beiheft zum Zentralblatt für Bibliothekswesen, Bd. 60), Wiesbaden 1968 [Erstdruck Leipzig 1927].

Simmert, Johannes, Die Geschichte der Kartause zu Mainz (Beiträge zur Geschichte der Stadt Mainz, Bd. 16), Mainz 1958.

St. Gallen, Stiftsbibliothek, cod. 142

Sigle: sg

Vision des Mönchs von Eynsham (Fassung E): p. 324–344

1477 • Mathias Bürer, Memmingen

21,5 x 16,1 cm • 386 Seiten • Papier

p. 324 *Incipit uisio cuiusdam nouicii rapti in partibus Anglie de purgatorio.*

p. 344 *Explicit uisio cuiusdam nouicii rapti in partibus Anglie de purgatorio.*

Der Codex entstand etwa im Zeitraum zwischen 1473 (p. 39) und 1481 (p. 309), am 24. Oktober 1477 wurde die Abschrift der Vision beendet: *Per me Mathiam Bürer de Lindow capellanum altaris sancti Stephani ad beatam Virginem in Memingen anno Domini 1477 feria sexta ante Symonis et Jude* (p. 344). Der Abschreiber und Besitzer der St. Galler Handschrift Mathias Bürer wurde 1427 in Lindau geboren und starb am 26. März 1485 in Memmingen. Zunächst als Priester in verschiedenen Stellungen in Süddeutschland tätig, war er ab 1473 Kaplan am Altar des heiligen Stephan der Liebfrauenkirche in Memmingen.[104] Er vermachte dem Kloster St. Gallen

---

104 Vgl. Lehmann, Bibliothekskataloge, S. 344.

am 21. Mai 1470 gegen eine Pfründe seine Bibliothek,[105] von der heute fragmentarische Bücherverzeichnisse erhalten sind und deren Schwerpunkt auf praktisch-theologischer und scholastischer Literatur lag.[106] Zudem war Bürer ab 1477 ein Förderer der Kartause Buxheim, wie der dortige ‚Liber benefactorum‘ belegt.[107] Mathias Bürer kann während einer „neuen Regsamkeit wissenschaftlicher Beziehungen"[108] zu den „Freunden der Literatur"[109] gezählt werden; dieses Bewusstsein des Weltklerikers wird auch in der Glossierung seiner Bücher deutlich, mit der er stolz sein erworbenes Wissen zeigt.

Der Codex besteht aus zwei Teilen, der erste (p. 1–313) enthält theologische Texte zu den Themen Tod und Jenseits, so von Jacob dem Kartäuser (p. 3–69), das kartäusische ‚Alphabetum diuini amoris‘ (p. 70–93), vergleichbare Texte von Bonaventura (p. 94–122, p. 219–235 und p. 291–298), Augustinus, Cyrillus, Hieronymus (p. 126–218), Nicolaus von Dinkelsbühl (p. 236–290), Johannes Gerson und Bernhard von Clairvaux (p. 299–313). Der später, aber noch zu Lebzeiten Bürers hinzugebundene zweite Teil (p. 314–386) umfasst ausschließlich Visionen, nämlich das ‚Purgatorium Patricii‘ (p. 315–324), die ‚Vision des Mönchs von Eynsham‘ (Fassung E) (p. 324–344), die ‚Visio Guidonis‘ (p. 344–357) und die ‚Visio Tnugdali‘ (p. 357–386); alle vier Visionstexte wurden 1477/1478 abgeschrieben. Auch Bürer erkennt die Vision Petrus Venerabilis zu und verweist auf die Erwähnung im Vinzenz von Beauvais zugeschriebenen ‚Speculum Morale‘: *Item hanc uisionem nouicii scribit Petrus Cluniacensis, ut dicit Vincencius in speculo morali libro secundo distinctione decima* (p. 344).

Die spätmittelalterliche Bastarda ist rubriziert, die schmucklosen Initialen sind in roter Farbe ausgeführt. Bürer gliedert den Text lediglich durch seltene Überschriften, in Glossen weist er inhaltliche Bezüge unter anderem zu Bernhard von Clairvaux (p. 334) nach.

Aufgrund des Kolophons, in welchem Bürer schreibt, dass er seine Vorlage vom Prior der Kartause Buxheim erhalten habe, kann ein weiterer, heute verlorener Textzeuge der ‚Vision des Mönchs von Eynsham‘ erschlossen werden (*Exemplar concessit michi prior domus Buxie ibidem* p. 344).[110]

---

105 Vgl. Lehmann, Bibliothekskataloge, S. 138–141.
106 Vgl. Lehmann, Bibliothekskataloge, S. 135–143.
107 Vgl. Lehmann, Bibliothekskataloge, S. 135.
108 Weidmann, Geschichte, S. 54.
109 Weidmann, Geschichte, S. 54.
110 Eine Übersicht über die Bibliotheksgeschichte der Kartause Buxheim bieten Stöhlker, Buxheim, S. 306–317, Whobrey, Kartausenbibliothek, und Wetzel, Unfestigkeit, S. 318–325, aktuelle Forschungen zu Geschichte und Bibliothek der Kartause Buxheim werden nachgewiesen ebd., S. 302.

Katalog: Scarpatetti, Beat Matthias von/Gamper, Rudolf/Stähli, Marlies, Katalog der datierten Handschriften in der Schweiz in lateinischer Schrift vom Anfang des Mittelalters bis 1550, Bd. 3: Die Handschriften der Bibliotheken von St. Gallen-Zürich, Text, Dietikon-Zürich 1991, S. 26.

Literatur: Duft, Johannes, Die Handschriften-Katalogisierung in der Stiftsbibliothek St. Gallen vom 9. bis zum 19. Jahrhundert, in: Scarpatetti, Beat Matthias von (Hg.), Die Handschriften der Stiftsbibliothek St. Gallen. Beschreibendes Verzeichnis. Codices 1726–1984 (14.–19. Jahrhundert), St. Gallen 1983, S. 9*–99*.

Lehmann, Paul, Mittelalterliche Bibliothekskataloge Deutschlands und der Schweiz, Bd. 1: Die Bistümer Konstanz und Chur, München 1918, S. 135–143.

Stöhlker, Friedrich, Die Kartause Buxheim 1402–1803, Folge 2, Gießen 1975.

Weidmann, Franz, Geschichte der Bibliothek St. Gallen seit ihrer Gründung um das Jahr 830 bis auf 1841, St. Gallen 1841.

Wetzel, René, *Spricht maister Eberhart.* Die Unfestigkeit von Autor, Text und Textbausteinen im Cod. Bodmer 59 und in der Überlieferung weiterer mystischer Sammelhandschriften des 15. Jahrhunderts. Mit einem Exkurs zur Buch- und Bibliotheksgeschichte der Kartause Buxheim, in: Fleith, Barbara/Wetzel, René (Hg.), Kulturtopographie des deutschsprachigen Südwestens im späteren Mittelalter. Studien und Texte (Kulturtopographie des alemannischen Raums, Bd. 1), Berlin/New York 2009, S. 301–325.

Whobrey, William, Die Buxheimer Kartausenbibliothek, in: Die Reichskartause Buxheim 1402–2002 und der Kartäuserorden (Analecta Cartusiana, Bd. 182), Bd. 1, Salzburg 2003, S. 37–44.

Würzburg, Universitätsbibliothek, M. ch. q. 99

Sigle: **wb**

Vision des Mönchs von Eynsham (Fassung E): f. 245^r–269^r

1460–1464　•　Benediktinerkloster St. Stephan in Würzburg

24 x 14,2 cm　•　310 Blätter　•　Papier

f. 245^r *Item uisiones siue reuelaciones cuiusdam monachi in extasi positi. uisiones siue reuelaciones cuiusdam monachi in extasi positi.*

Der Codex enthält zwei Datierungen: 1460 (f. 17^v) und 1464 (f. 22^r). Entstanden ist er im Kloster St. Stephan in Würzburg (*Monasterii s. Stephani Herbipoli* f. 1^r). Das Benediktinerkloster trat 1459 der Bursfelder Kongregation bei;[111] nach diesem Zeitpunkt wurde die Klosterbibliothek deutlich erweitert

---

111　Vgl. Ofer, St. Stephan, S. 118.

und den Erfordernissen der Reform entsprechend neu zusammengestellt,[112] so dass die Abschrift der Vision in den Kontext monastischer Reformbewegungen des Spätmittelalters gestellt werden kann. Bei der Erweiterung der Bibliothek des Klosters St. Stephan in diesen Jahren hat die Forschung kartäusischen Einfluss nachweisen können.[113]

Die ‚Vision des Mönchs von Eynsham' (Fassung E) (f. 245^r–269^v) steht in der Würzburger Gebrauchshandschrift neben dem ‚Purgatorium Patricii' (f. 269^r–284^r) und Engelhards von Langheim ‚Der Bräutigam im Paradies' (f. 389^r–306^r) sowie theologischen Traktaten zu nicht nur jenseitsorientierten Themen.

Die Handschrift weist zahlreiche Abschreibfehler auf. Die zum Teil schlechte Papierqualität machte in einem Fall das Einlegen eines ergänzenden Blattes (f. 257^v), in einem zweiten das Freilassen einer Seite (f. 263^v) notwendig. Die Handschrift weist keine Zierelemente auf, sie ist nicht glossiert. Die Kapitel sind durchgezählt.

Katalog: Thurn, Hans, Die Handschriften der Universitätsbibliothek Würzburg, Bd. 2: Handschriften aus benediktinischen Provenienzen, Teil 2: Die Handschriften aus St. Stephan zu Würzburg, Wiesbaden 1986, S. 128–130.

Literatur: Heuler, Annemarie, Die Bibliothek von St. Stephan, in: Leng, Rainer (Hg.), Das Benediktinerkloster St. Stephan in Würzburg (Historische Studien der Universität Würzburg, Bd. 4), Rahden 2006, S. 103–124.

Ofer, Monika, St. Stephan in Würzburg. Untersuchungen zu Herrschafts-, Wirtschafts- und Verwaltungsformen eines Benediktinerklosters in Unterfranken 1057–1500, Köln/Wien 1990.

3. Überlieferungszusammenhänge

Erst eine kritische Edition aller Redaktionen der ‚Vision des Mönchs von Eynsham' wird es erlauben, die Vorlage für die Fassung E präzise bestimmen zu können. Beim gegenwärtigen Stand der Erforschung der Überlieferungszusammenhänge kann in Betracht gezogen werden, ob die Fassung E eine Kontamination aus zwei Vorlagen darstellt, die den Redaktionen B bzw. C zugehören.[114] Da aber nur zwei Stellen und damit eine äußerst geringe Zahl an Lesarten auf die Fassung B hinweisen,[115] die gleichwohl in nicht mehr

---

112 Vgl. Thurn, Handschriften, S. IX, und Heuler, Bibliothek St. Stephan, S. 108–110.
113 Vgl. Mangei, Bedeutung, S. 156–158.
114 So noch Bihrer, Bearbeitungspraxis, S. 101.
115 Vgl. Cap. XVIII: *confessionis lauacro* (B), *confessionis remedio* (C), und Cap. XXVII: *Cupido ... auida* (B), *Ambitus ... auidus* (C).

erhaltenen oder noch nicht bekannten Handschriften der Fassung C belegt sein könnten, ist die These einer Kontamination aus zwei Vorlagen eher unwahrscheinlich.

Plausibler scheint hingegen die Annahme, dass eine Handschrift des kontinentalen Zweigs der Redaktion C den Ausgangspunkt für den Redaktor von Fassung E bildete. Gestützt wird diese These in erster Linie durch die Beobachtung, dass fast sämtliche Wörter, Wortgruppen, Satzteile und Sätze, die ausschließlich der kontinentale Zweig der Redaktion C überliefert, in die Fassung E eingegangen sind. Überdies wurden die beiden längeren Zusätze in den Kapiteln XXXIX und XLI, welche allein von Handschriften des kontinentalen Zweigs der Redaktion C überliefert werden, vom Redaktor der Fassung E übernommen. Der Bearbeiter kannte also diese beiden umfangreicheren Nachträge, was seine Kenntnis dieses Überlieferungszweigs eindeutig belegt.[116]

Eine Handschrift des kontinentalen Zweigs der Redaktion C als Vorlage für die Fassung E legen auch die Provenienzen der Handschriften dieser beiden Redaktionen nahe, denn beide Fassungen wurden besonders häufig von kartäusischen bzw. kartäusisch beeinflussten Mönchen im 14. und vor allem 15. Jahrhundert abgeschrieben. Zudem wird der kontinentale Zweig der Redaktion C ausschließlich im deutschsprachigen Raum und hierbei nur an Mosel und Niederrhein überliefert und damit in geographischer Nähe zu den mittel- und oberrheinischen Codices der Fassung E, die ebenfalls nur in Handschriften aus dem deutschsprachigen Raum belegt ist.

Die Überlieferungszusammenhänge und das Verhältnis der fünf die Fassung E der ‚Vision des Mönchs von Eynsham' tradierenden Handschriften nehmen sich folgendermaßen aus: Auslassungen (hier verstanden als Passagen, die mehr als drei Wörter gegenüber anderen Überlieferungsträgern weglassen) bieten die Handschriften bs, be, sg und wb gegenüber der Fassung C und dem Codex mz – diese Handschrift überliefert somit einerseits den umfangreichsten Text, andererseits steht der Mainzer Textzeuge näher an der Fassung C als die übrigen vier Handschriften. Aufgrund der übereinstimmenden Auslassungen zeigt sich zudem eine enge Verwandtschaft zwischen dem St. Galler und dem Basler Codex. Den kürzesten Text weist die Berliner Handschrift auf.

Auslassungen von wb gegenüber der Fassung C, mz, be, sg und bs

Cap. XII: *dormienti assistere uisa est quedam uenerabilis persona, angelicum*

Cap. XV: *acquisissent in illo penali piaculo ad ingressum*

---

116 Vgl. Cap. XXXIX: *nomina personarum… segregauerat eos*, und Cap. XLI: *O fallax … me compellit*.

Cap. XXVI: *purgandorum assidue de grauibus in grauiora supplicia recide-*
bat. Predictus aurifex quia nolens trahente praua consuetudi-
ne [Diese Passage bieten nur die anderen vier Handschriften,
nicht die Fassung C]

Cap. LIII: *amenitate. Omnes, quos iste campus*

Auslassungen von sg und bs gegenüber der Fassung C, mz, be und wb

Cap. XVIII: *super predam, quam cepissent*
Cap. XXXIX: *et loca sua negligendo per ciuitates discursantes*
Cap. LV: *et decies centena milia assistunt ei*

Auslassungen von be gegenüber der Fassung C, mz, wb, sg und bs

Cap. I: *licet mirabili prudencia atque discrecione toto egritudinis sue*
tempore preditus fuisset

Cap. II: *oculis in profundiora dimersis et ipsis luminum sedibus ac*
naso multo sanguine illitis

Cap. II: *itaque hesitabant, quid in re tali faciendum sibi esset, dum*
nec penitus exanimari, nec melioriari aliquatenus cerneretur.
Tandem inito consilio

Cap. IV: *et ita marcescere, ac si bullienti aqua essent decocta*
Cap. IV: *Vidimus quoque paulo ante labia eius parum moueri con-*
pressis tamen faucibus, ac si predulce aliquid ori suo illapsum
gluciendo insumeret

Cap. V: *tricies uel pluries, ut estimo, super pedes crucifixi capite de-*
misso incumbens, oscula cum fletu inprimens, singultu ple-
rumque orantis et gracias referentis uocem interrumpente

Cap. IX: *tamen utcumque, sicut sciui et potui*
Cap. XV: *ad anteriora et miciora tendebant. Nonnulli de loco, quo*
torquebantur, repente exiliebant et, dum

Aufgrund gemeinsamer Lesarten lassen sich die Handschriften folgendermaßen gruppieren:

Ausgewählte gemeinsame Lesarten der Fassung C, mz, be gegen wb, sg, bs

Cap. XVI: *transmeabamus] transiebamus*
Cap. XXVI: *incipiente] incipienti*
Cap. XXXVI: *grauissima] grauissimis*
Cap. XLIII: *acrioribus adhuc] adhuc acrioribus* wb, *adhuc acrioribus* sg
bs
Cap. LIV: *perpendat] apprehendat*
Cap. LIV: *resultabat] resonabat*

Cap. LV:	*deprehendere*] *apprehendere*
Cap. LV:	*auulsit*] *diuisit*
Cap. LV:	*introgressa*] *introgressam* wb bs, *introgressi* sg
Cap. LVI:	*En*] *Tu*

Ausgewählte gemeinsame Lesarten der Fassung C, mz, be, wb gegen sg, bs

Cap. I:	*adesset*] *esset*
Cap. I:	*capere aut ferre pre gaudii magnitudine*] *p. g. m. c. a. f.*
Cap. I:	*sequenti*] *s. autem*
Cap. IV:	*paulo*] *paululum*
Cap. V:	*tricies*] *cencies*
Cap. XVI:	*balnee confecte*] *balneo confecto*
Cap. XVIII:	*claustris ut sperabant*] *u. s. c.*
Cap. XXVII:	*flagicia*] *uicia*
Cap. XLI:	*exquisicio*] *acquisicio*
Cap. XLVI:	*cuius*] *c. uis*
Cap. LV:	*oportet*] *o. quia non potest*

Die Nähe der St. Galler und Basler Handschriften zueinander zeigt sich darüber hinaus im weitgehend übereinstimmenden Titel des Textes und in einer in beiden Handschriften notierten Glosse (zu Cap. LVIII).

Aufgrund der obigen Gruppierungen der Vorlage und der Handschriften der Fassung E kann das folgende Stemma erstellt werden:

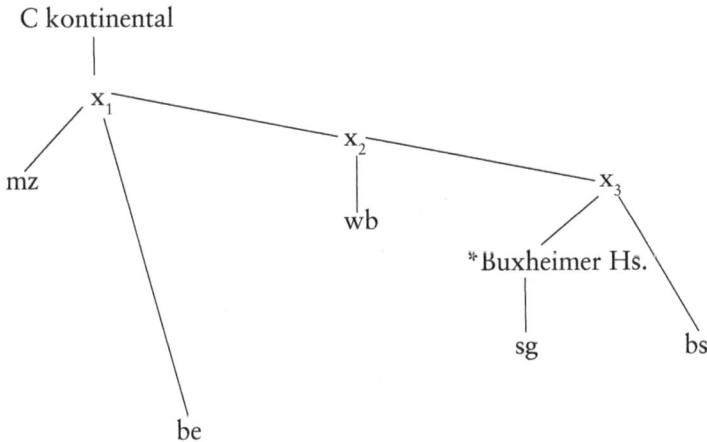

4. Redaktor, Entstehungszeit und historische Einordnung

Die ‚Vision des Mönchs von Eynsham' (Fassung E) ist unter verschiedenen, wenig spezifischen Titeln überliefert. Weder Redaktor noch Auftraggeber dieser Bearbeitung lassen sich exakt ermitteln. Schon allein aus chronologischen Gründen kann ausgeschlossen werden, dass der bereits 1156 verstorbene Petrus Venerabilis die Fassung E angefertigt hat, welche ihm in der Mainzer und Sankt Galler Handschrift, aber auch in anderen Überlieferungsträgern und Rezeptionszeugnissen der ‚Vision des Mönchs von Eynsham' zugeschrieben wird.[117] Die Fassung E der ‚Vision des Mönchs von Eynsham' gehört somit in die Gruppe zahlreicher anderer spätmittelalterlicher Bearbeitungen von Texten aller Gattungen, bei denen nur selten die zeitlichen, räumlichen und sozialen Koordinaten des Redaktors bekannt sind.

Die ‚Vision des Mönchs von Eynsham' (Fassung E) dürfte im 14. Jahrhundert entstanden sein. Der älteste Überlieferungsträger, die Mainzer Handschrift, wurde am Ende des dritten Viertels des 14. Jahrhunderts niedergeschrieben; drei weitere Codices datieren in die zweite Hälfte des 15. Jahrhunderts, eine weitere Abschrift wurde 1560/1570 erstellt. Auch wenn damit der größte Teil der handschriftlichen Überlieferung der Fassung E erst aus dem ausgehenden Mittelalter stammt, so belegt doch die Mainzer Handschrift, dass die Bearbeitung vor 1370/75 entstanden sein muss.

Auffällig ist, dass fünf der sechs Handschriften der Vorlage für die Fassung E, der kontinentale Zweig der Redaktion C, in die zweite Hälfte des 15. Jahrhunderts datieren, also auch diese Gruppe wie die Fassung E vor allem von Codices aus den letzten Jahrzehnten des 15. Jahrhunderts überliefert wird. Die Metzer Handschrift, der älteste Überlieferungsträger des kontinentalen Zweigs der Redaktion C, wurde jedoch bereits im 14. Jahrhundert abgeschrieben, ohne dass allerdings dessen Entstehungszeitpunkt näher eingegrenzt werden könnte.

Spätere Rezeptionszeugnisse der ‚Vision des Mönchs von Eynsham' (Fassung E) wie eine in einem Fribourger Codex überlieferte Kurzfassung (um 1400) oder frühneuhochdeutsche Übersetzungen, die in Handschriften aus Gotha (letztes Viertel 14. Jahrhundert), Dresden (1416), München (bald nach 1431) und Nürnberg (1465/75) dokumentiert sind, belegen ein verstärktes Interesse an der Fassung E schon zu Beginn des 15. Jahrhunderts und widersprechen nicht einer Einordnung der lateinischen Vorlage in das 14. Jahrhundert, ja unterstützen einen solchen Datierungsansatz.

---

117 Zu der Zuschreibung der ‚Vision des Mönchs von Eynsham' an Petrus Venerabilis vgl. mit allen Nachweisen Losert, Adam von Eynsham, S. 8–9, und Easting, Heart, S. 443.

Obwohl die Bearbeitung nicht näher lokalisiert ist, darf aufgrund der Entstehungsorte der lateinischen Handschriften und der von dieser Redaktion abhängigen Übersetzungen ins Frühneuhochdeutsche eine deutschsprachige Provenienz der Fassung E vermutet werden. Dies passt zum allgemeinen Überlieferungsbild aller Fassungen der ‚Vision des Mönchs von Eynsham': Von den insgesamt 18 Handschriften des 13. Jahrhunderts entstand nur ein Codex im deutschsprachigen Raum, hingegen kommen 15 der 21 Abschriften des 14. und 15. Jahrhunderts aus diesem Sprachraum, also knapp drei Viertel aller Überlieferungsträger. Die älteste Handschrift der Fassung E wurde in Mainz und damit am Mittelrhein niedergeschrieben, spätere Überlieferungsträger stammen aus Würzburg, Buxheim, Memmingen, Basel und Köln. Dieser Überlieferungszusammenhang lässt eine Entstehung der Fassung E im mittel- oder hochrheinischen Raum möglich erscheinen, zumal die Vorlage, der kontinentale Zweig der Redaktion C, sicher dem deutschsprachigen Gebiet und wahrscheinlich der Region Mosel bzw. Niederrhein entstammte.

Wie die Provenienz der heute erhaltenen Handschriften zeigt, waren die Rezipienten hauptsächlich monastische Gemeinschaften, vor allem die Kartäuser und andere spätmittelalterliche Reformorden, was einen Hinweis auf den Entstehungshintergrund der Fassung E geben könnte. Aus den oben dargestellten Handschriftenprovenienzen, Datierungen, Überlieferungszusammenhängen sowie aus der Betonung der mystischen Elemente der Vision, da in dieser Redaktion der Schlussabschnitt der Vision mit diesen Passagen ungekürzt übernommen wurde, ist die Folgerung zu ziehen, dass die Fassung E der ‚Vision des Mönchs von Eynsham' im Umfeld der monastischen Reformbewegung des Spätmittelalters und dabei insbesondere im Kontext der deutschen Kartausen zu verorten ist, die nach neuen diadaktischen und erbaulichen Texten verlangten.[118] Dieser Befund passt zu Beobachtungen, die anhand anderer Fassungen der ‚Vision des Mönchs von Eynsham' gewonnen wurden.[119] So stammt über die Hälfte der Handschriften des 14. bis 16. Jahrhunderts aus deutschen Kartäuserbibliotheken, außerdem stehen zwei Drittel der Codices aus diesem Zeitraum direkt oder mittelbar mit Kartäusern in Verbindung.[120] Als Fazit kann somit formuliert werden, dass die Fassung E der ‚Vision des

---

118 Vgl. Bihrer, Bearbeitungspraxis, S. 95.

119 Vgl. zum Gebrauch auch anderer Fassungen der ‚Vision des Mönchs von Eynsham' durch die Kartäuser Mangei, Bedeutung, S. 154–160, und Mangei, Kartäuserorden, S. 308–309; zum Interesse dieses Ordens an anderen Visionen, dokumentiert durch Kartäusermönche als Abschreiber, Übersetzer, Kommentatoren oder Bearbeiter von Visionen, vgl. ebd., S. 307–315, mit Belegen aus Kartausen wie Basel, Buxheim, Köln und Mainz, in deren Bibliotheken sich auch eine Abschrift der Fassung E befand.

120 Vgl. Mangei, Bedeutung, S. 139–141.

Mönchs von Eynsham' wahrscheinlich im 14. Jahrhundert in einer Kartause im deutschsprachigen Raum, möglicherweise im Rheingebiet, entstanden ist.

5. Bearbeitungspraxis und Intention

Die Eingriffe des Redaktors in den Gesamtaufbau seiner Vorlage zeigen in Bezug auf die verschiedenen inhaltlichen Teile der Vision unterschiedliche Tendenzen:[121] Das Weglassen des Prologs sowie die starke Kürzung des Epilogs (Cap. LVIII), der umformuliert und bei dem überdies die Reihenfolge geändert wird – eine ansonsten nur selten zu beobachtende Textoperation des Redaktors –, sind Auffälligkeiten des Kürzungsprozesses, die typisch für spätmittelalterliche Bearbeitungen sind. Während der Bearbeiter in die Rahmenhandlung, welche die Umstände der Vision und das Geschehen im Kloster Eynsham um den Visionär schildert, kaum eingreift, ja sie in fast allen Teilen sogar wörtlich übernimmt (Cap. I–VIII), ist die Schilderung des Visionärs stark verändert. Im Gegensatz zur Darstellung der historischen Umstände enthält die Erzählung des Visionsinhalts kaum längere wörtliche Übernahmen;[122] der Redaktor fasst die Beschreibung des Gesehenen zusammen, kürzt oder formuliert um, fast immer unter Verwendung des vorhandenen Wortbestands. Biblische, liturgische oder weitere Zitate der Vorlage werden vom Redaktor zum Teil übernommen, meist verschleifen sie sich aber im Kürzungsprozess. Es fällt auf, dass die Paradiesschilderung (Cap. XLIX–LVI) und innerhalb dieser vor allem die Darstellung des thronenden Christus (Cap. LV) kaum verändert werden; mithin übernimmt der Redaktor nahezu unangetastet gerade die Szene, die den Höhe- und Zielpunkt der Visionserzählung darstellt und in ihrer Gestaltung kennzeichnend für eine mystische Spiritualität ist. Im Vergleich zum Verhältnis in der Fassung des Erstredaktors gewinnen aufgrund dieser Bearbeitungspraxis die Rahmenhandlung wie die Paradiesschilderung gegenüber der Beschreibung der Straforte an Umfang.

Lediglich in zwei Kapiteln (Cap. XXXVI und XLIII) sind eine neue Sinneinheit hinzugefügt und ein didaktischer Abschnitt durch einen neuen ersetzt worden: In beiden Zusätzen wird die Vernachlässigung der Amtspflichten durch den Klerus gegeißelt, dabei fällt besonders auf, wie stark der Niedergang des Klosterlebens und der Moral der Mönche betont wird. In allen Fällen ist die sehr stark biblisch und kirchenrechtlich argumentierende Darstellung bemerkenswert. Dies sind zum einen Modernisierungen, die eine notwendige

---

121 Die ausführliche Untersuchung der Bearbeitungspraxis bei Bihrer, Bearbeitungspraxis, S. 91–112, dort auch die jeweiligen Belege für die folgende Argumentation.

122 Ausnahmen bilden kurze Passagen in den Kapiteln XV, XVI, XXI, XXV, XXIX und XXXIII, die aber inhaltlich und sprachlich keine Gemeinsamkeiten aufweisen, so dass diese Übernahmen als zufällig bezeichnet werden müssen.

Angleichung an das Zeitinteresse wie an den neuen Rezipientenkreis darstellen, zum anderen verstärken und akzentuieren sie die intendierte Aussage. Die Eingriffe in die Textstruktur der Vorlage sind somit bei der Fassung E fast ausschließlich kürzend. Da aber keine größeren Texteinheiten ausgelassen werden, bleibt die Logik der Handlung gewahrt. Die Reihenfolge der Vorlage wird nur selten geändert,[123] von einer neuen Komposition kann also nicht gesprochen werden.

Diese Textoperationen führen zu einer handlungsorientierten Linearisierung und Objektivierung der Erzählung; die starke Elaboriertheit der Fassung des Erstredaktors wird zugunsten einer verstärkt summierenden Darstellungsweise aufgegeben. Dadurch ist in der Fassung E die Ausnahmestellung der ‚Vision des Mönchs von Eynsham' zum Teil aufgehoben, welche der Fassung des Erstredaktors aufgrund ihres Umfangs und ihres theoretischen wie sprachlichen Anspruchs in der mittelalterlichen Visionsliteratur zukommt. Die Konzentration auf drastische Erzählmuster fördert zwar die Verständlichkeit und damit die Einprägsamkeit der moralischen Belehrung, hat jedoch zugleich den Verzicht auf die Darstellung greifbarer Einzelpersonen, auf Personalisierungen, Lokalisierungen, aktuelle Bezüge und ‚Lokalkolorit' zur Folge. Mit dieser Kürzungspraxis werden politische Wirkungsabsichten sowie komplexere sprachliche und didaktische Strukturen aufgegeben, zugleich aber die schon in der Vorlage tendenziell angelegte Reihung von Exempla verstärkt. Infolgedessen entsteht aus der konkreten und noch stark mit der Person des Visionärs verbundenen Schilderung der Fassung des Erstredaktors in dieser Redaktion eine Aneinanderreihung von bekannten, standardisierten Darstellungsmustern aus mittelalterlichen Jenseitsschilderungen.

In der späteren Redaktion tritt also die mündliche Erzählung des Visionärs und damit der konkrete Inhalt der Vision hinter die gattungstypischen Erzählmuster zurück; durch eine Angleichung an die standardisierte Jenseitsikonographie soll auch in der Fassung E die Authentizität der Vision verstärkt werden. In den detailliert tradierten historischen Umständen der Rahmenhandlung hingegen sieht der Redaktor offenbar einen Beweis für die Wahrheit der Vision. Eine weitere Strategie zur Authentisierung der Erzählung bildet das Weglassen der vom Redaktor als unglaubwürdig angesehenen zahlreichen Beweiswunder bzw. der späteren Erscheinungen, die in der Fassung des Erstredaktors die Authentizität des Berichteten belegen sollten. Der Redaktor beanspruchte durch seine Bearbeitung somit nicht die gleiche, sondern eine höhere Authentizität als für die Fassung des Erstredaktors.[124]

---

123 Der Bearbeiter fasst die inhaltlich zusammengehörigen Kapitel XLIV und XLV über die Äbtissin und ihre Nonnen zusammen, wobei er die Reihenfolge ändert. Zudem stellt er den Schlussteil um.

124 Vgl. Bihrer, Bearbeitungspraxis, S. 111.

Des Weiteren lässt sich festhalten, dass in der Fassung E im Vergleich zur Vorlage nicht nur eine Tendenz zur Standardisierung des Gesehenen vorliegt, sondern auch verstärkt sprachliche Vereinfachungen auftreten: Diese äußern sich in einer geringeren sprachlichen Komplexität, in lexikalischer Armut und in einer Entwicklung hin zur Parataxe; darüber hinaus fällt zudem eine deutliche Zurücknahme rhetorisch ausgefeilter Passagen auf. Nicht nur bei den bearbeiteten Abschnitten, sondern besonders bei den vom Redaktor neu formulierten Passagen dominiert ein einfacher Stil, der sehr viel verständlicher und vor allem einprägsamer ist.

Diese Bearbeitungspraxis sollte aufgrund der oben skizzierten Strategie der Authentisierung allerdings nicht als eine Fingierung von Mündlichkeit interpretiert werden: Das Aufgeben von Merkmalen einer elaborierten Schriftlichkeit der Vorlage ist vielmehr auf der pragmatischen Ebene mit einem anderen Bildungshorizont des Publikums und einer veränderten Gebrauchssituation zu erklären, für welche die Vision vereinfacht, also verständlicher und leichter zugänglich gemacht werden musste.

Die simplifiziert umgesetzte moralische Aussage weist auf die verstärkt belehrende Intention der Fassung E hin. Die Kürzung der Vorlage und damit die Reduktion auf zentrale Aussagen dienen einer konzentrierten Vermittlung des Stoffs. Die neue sprachliche Form und die andere Erzählweise sowie die Hervorhebung bzw. Auswahl von bestimmten Handlungs- und Sinnelementen unabhängig von der Intention der Fassung des Erstredaktors dienen der Verdeutlichung und Didaktisierung. Die Bearbeitung widerspricht damit nicht der redaktionellen Zielrichtung des Erstredaktors, sie nutzt vielmehr bestimmte, in dessen Fassung angelegte Aussage- und Wirkungsabsichten, spitzt sie zu und macht sie einem weiteren Rezipientenkreis verfügbar. Die Bindungskraft der Vorlage bleibt gegenüber einer Eigendynamik oder gar einer Verselbstständigung der neuen Fassung jedoch gewahrt. Eine Umakzentuierung oder Neuinterpretation der Vorlage findet in dieser Redaktion nicht statt. Die Zielgruppe der Fassung E ist wie bei der Fassung des Erstredaktors insbesondere der Ordens- und Weltklerus, dessen Standes- und Amtspflichten betont bleiben.

Zuletzt soll der Unterhaltungswert vor dem Hintergrund menschlicher Neugier und der Lust am Grauen nicht unterschätzt werden, eine Funktion, die vom Redaktor jedoch nicht primär intendiert war, kürzt er doch fast ausschließlich entsprechende Passagen. Auch wenn die Kleruskritik weiterhin bestehen bleibt, tritt die politische Stellungnahme zu den Besitzverhältnissen der Abtei von Eynsham gänzlich zurück, was aufgrund der zeitlichen und örtlichen Distanz zu erwarten ist.

Zusammengefasst kann somit formuliert werden, dass der Redaktor der Fassung E der ‚Vision des Mönchs von Eynsham‘ mit der Bearbeitung seiner

Vorlage das Ziel verfolgte, sowohl eine authentischere als auch stärker belehrende Fassung herzustellen.[125]

6. Gebrauch und Rezeption

Die Fassung E der ‚Vision des Mönchs von Eynsham' wurde, das belegen die Provenienzen der Handschriften, vor allem im monastischen Kontext rezipiert. Die Redaktion fand wohl, wie für andere Visionen belegt, unter anderem in Klöstern als *lectio ad mensam* und als *collatio* Verwendung.[126] Die Kartäuser als Hauptverbreiter dieser Redaktion setzten sie nicht nur zur Reformierung des religiösen Lebens, sondern auch zur Tradierung, Bewahrung und Vermittlung von Wissen über das Jenseits ein.[127] Die kartäusische Provenienz mehrerer Handschriften dieser Bearbeitung lässt außerdem vermuten, dass die Vision ebenso zur stillen Lektüre, sei es zur Selbstvergewisserung, sei es zur Erbauung, und damit als Ausgangspunkt für Askese und Kontemplation genutzt wurde.[128] Der 1560/70 entstandene Codex aus der Kölner Kartause zeigt zudem eindrücklich, dass die Fassung E noch im Zeitalter der katholischen Reform zu diesen Zwecken abgeschrieben wurde.

Auffällig ist, dass sämtliche Handschriften aller Redaktionen der ‚Vision des Mönchs von Eynsham' fast ausschließlich aus Klöstern stammen; ein oder zwei Codices aus der Mitte bzw. dem Ende des 15. Jahrhunderts, welche diese Vision überliefern, wurden in Augustinerchorherrenstiften niedergeschrieben, eine der frühneuhochdeutschen Übersetzungen in einem Augustinerchorfrauenkloster. Demgegenüber kamen zwei der fünf Handschriften der Fassung E aus dem Besitz von Weltklerikern, nämlich dem Memminger Kaplan Mathias Bürer und dem Basler Jurastudenten Hieronimus Zscheckenbürlin. Auch wenn Bürer die Vorlage aus einem Kartäuserkloster erhalten hatte und Zscheckenbürlin seine Handschrift der Basler Kartause schenkte, so zeigt sich für die Fassung E doch ein erweiterter Rezipientenkreis. Dass gerade der Weltkleriker Bürer diese Redaktion abschrieb, weist zudem auf eine praktisch-seelsorgerische Nutzung dieser Fassung hin: Sie diente zusätzlich der Laienunterweisung, bei der die religiöse Anleitung und moralische Belehrung im Vordergrund standen. Der Weltkleriker Zscheckenbürlin verband in seinem kalligraphisch hochstehenden Exemplar Erbauung mit der Repräsentation seines sozialen Status.

---

125 Vgl. Bihrer, Bearbeitungspraxis, S. 96–101.
126 Vgl. Mangei, Kartäuserorden, S. 308.
127 Visionen wurden von den Kartäusern „gezielt als pragmatisches Reformschrifttum im Dienste der Klosterreform eingesetzt", so Mangei, Kartäuserorden, S. 313.
128 Vgl. in Bezug auf alle Fassungen der ‚Vision des Mönchs von Eynsham' Mangei, Bedeutung, S. 141, und Mangei, Kartäuserorden, S. 307–308.

Die hier vorgestellten Gebrauchssituationen werden durch die Sammlungskontexte der Fassung E bestätigt. Die Redaktion ist durchgehend in moraltheologischen Sammelhandschriften überliefert, deren inhaltlicher Schwerpunkt meist Texte zu Tod und Jenseits bilden. In einigen Fällen wird die ‚Vision des Mönchs von Eynsham' neben andere Visionen und Jenseitsreisen gestellt. Auffällig ist, dass sämtliche Handschriften der Fassung E aus dem 14. und 15. Jahrhundert diese zusammen mit dem ‚Purgatorium Patricii', der anderen großen Jenseitsvision des Hochmittelalters, überliefern: In der Mainzer Handschrift folgt die ‚Vision des Mönchs von Eynsham', nur getrennt durch zwei Blätter mit Auszügen aus dem ‚Speculum historiale' des Vinzenz von Beauvais, auf die Abschrift des ‚Purgatorium Patricii' von gleicher Hand. Auch bei den anderen Codices findet kein Schreiberwechsel statt, ja die beiden Jenseitsvisionen folgen nun sogar direkt aufeinander: In der Würzburger und der Basler Handschrift wurde zuerst die ‚Vision des Mönchs von Eynsham' abgeschrieben, im Sankt Galler Codex zunächst das ‚Purgatorium Patricii'. Diese Überlieferungssymbiose belegt, dass die beiden Texte gemeinsam rezipiert wurden.

Ein frühes Rezeptionszeugnis der Fassung E der ‚Vision des Mönchs von Eynsham' ist in einer Fribourger Handschrift überliefert:

Fribourg, Bibliothèque cantonale et universitaire, cod. L 3

Vision des Mönchs von Eynsham (Bearbeitung der Fassung E): f. 83^v–94^r

ausgehendes 14. Jahrhundert   •   Prämonstratenserkloster Humilimont

30,5 x 21,5 cm   •   94 Blätter   •   Pergament

f. 83^v   *Hec fuit visio quam vidit quidam monacus.*

f. 94^r   *Explicit visio fratris quam vidit in purgatio* [!].

Der Codex besteht aus vier Teilen, die Bearbeitung der Fassung E der ‚Vision des Mönchs von Eynsham' befindet sich am Ende des vierten Teils, der die letzten drei Lagen der Handschrift umfasst und der mit f. 68^r beginnt.[129] Dieser vierte Teil wurde aus einem anderen Codex herausgelöst, wie der unvollständige Schluss der ‚Legenda Aurea' auf f. 68^r belegt. Danach folgen Auszüge aus den ‚Vitae Patrum' und der ‚Vita s. Patricii' (f. 68ra), die ‚Vita s. Brendani' (f. 68ra–79va) und die ‚Vita s. Macarii Romani' (f. 79va–83vb). Der Visionstext fängt noch auf der vorletzten Lage des vierten Teils der Handschrift an und füllt dann die gesamte letzte Lage (f. 83^v–94^r). Allerdings sind drei Blätter nach f. 93 verloren gegangen, so dass von einem durchaus beträchtlichen Textverlust auszugehen ist: Es fehlen die Cap. XLI–LVIII und damit wohl etwa ein

---

129 Vgl. zum Folgenden die detaillierte Handschriftenbeschreibung bei Jurot, Catalogue, S. 50–53.

Drittel der Vision. Der vierte Teil wurde von zwei Händen abgeschrieben, wobei die zweite Hand ausschließlich die Bearbeitung der ‚Vision des Mönchs von Eynsham' (Fassung E) niederschrieb.

Nur der zweite Teil der Handschrift kann präzise datiert und lokalisiert werden, denn er wurde von der 1338 belegten Hand des Nekrologs des Prämonstratenserklosters Humilimont geschrieben. Anhand der Schrift und der Dekoration wird der vierte Teil deutlich später, aber noch in das 14. Jahrhundert datiert. Als Entstehungsort wird für diesen Teil der Handschrift ebenfalls das Kloster Humilimont angenommen, auch wenn die vier Teile des Codex erst im 15. Jahrhundert mit dem heutigen Einband möglicherweise in Humilimont zusammengebunden wurden.[130] Federproben und Notizen am Ende des Codex belegen, dass sich die Handschrift spätestens im 16. Jahrhundert in diesem Prämonstratenserkloster befunden haben muss, das im Jahr 1580 aufgelöst wurde. Da bislang keine weiteren mittelalterlichen Handschriften aus der Bibliothek dieses Klosters bekannt sind,[131] lassen sich keine präziseren Aussagen über die geistigen Neigungen dieses Prämonstratenserkonvents im Mittelalter machen.[132] Erst im 16. Jahrhundert ist mit Claude Fracheboud ein Abt fassbar, der auch theologische Interessen besaß, was dessen Namenseintrag in die Fribourger Handschrift unterstreicht.[133]

Der Visionstext ist durchaus sorgfältig und mit wenigen Korrekturen in zwei Spalten niedergeschrieben und rubriziert worden, einige rote Initialen sind mit Fleuronnée geschmückt. Über jede Doppelseite hat eine spätere Hand als Überschrift *Visio monachi cuiusdam de altera vita* nachgetragen.

---

130 Datierung und Lokalisierung folgen Jurot, Catalogue, S. 50–53; eine knappe Erwähnung findet die Handschrift bei Meyer, Catalogue, S. 595–596, mit einer Datierung in das 15. Jahrhundert und bei Janner/Jurnot/Weber, Überlieferung, S. 106, mit der unsicheren Lokalisierung „Humilimont (?)".

131 So Utz Tremp, Humilimont, S. 425.

132 In einer 1925 gedruckten umfassenden Darstellung der Geschichte des Klosters Humilimont wird auf das religiöse Leben vom späten 13. Jahrhundert bis zur Mitte des 15. Jahrhunderts eingegangen, vgl. Jordan, Humilimont, S. 535–551; dabei werden auch die intellektuellen Vorlieben der Mönche untersucht, vgl. ebd., S. 541–543, doch diese gegenüber den wirtschaftlichen Interessen des Klosters als deutlich nachrangig eingestuft. In den neuesten Übersichten über die Geschichte von Humilimont finden sich ebenfalls keine Hinweise auf das Geistesleben oder die Bibliothek, vgl. Utz Tremp, Mönche, und Utz Tremp, Humilimont, S. 411–426. Auch nach Utz Tremp, Mönche, S. 113 und 121, stand die Güterbewirtschaftung im Zentrum des Interesses der Prämonstratenser von Humilimont.

133 Vgl. Jordan, Humilimont, S. 563. Vgl. auch die Zusammenstellung der Biographien der Äbte von Humilimont bei Utz Tremp, Humilimont, S. 426–444.

Katalog: Janner, Sara/Jurnot, Romain, unter Mitarbeit von Dorothea Weber, Die handschriftliche Überlieferung der Werke des heiligen Augustinus, Bd. IX/2: Schweiz, Verzeichnis nach Bibliotheken, Wien 2001, S. 106.

Jurot, Romain, Catalogue des manuscrits médiévaux de la Bibliothèque cantonale et universitaire de Fribourg, Dietikon-Zürich 2006, S. 50–53.

Meyer, Meinrad, Catalogue de la Bibliothèque cantonale de Fribourg, Bd. 2, Fribourg 1855, S. 595–596.

Literatur: Jordan, Joseph, L'abbaye prémontrée d'Humilimont (1137–1580), in: Archives de la Société d'histoire du canton de Fribourg 12 (1925), S. 331–693.

Utz Tremp, Kathrin, Mönche, Chorherren oder Pfarrer? Die Prämonstratenserstifte Humilimont und Gottstatt im Vergleich, in: Zeitschrift für schweizerische Kirchengeschichte 95 (2001), S. 111–136.

Utz Tremp, Kathrin, Humilimont, in: Andermatten, Bernard/Degler-Spengler, Brigitte (Hg.), Die Prämonstratenser und Prämonstratenserinnen in der Schweiz (Helvetia Sacra, Bd. IV/3), Basel 2002, S. 411–444.

Die in der Fribourger Handschrift überlieferte Bearbeitung der ‚Vision des Mönchs von Eynsham' (Fassung E) findet sich in keinem weiteren Codex.[134] Sie basiert fraglos auf der Fassung E und kürzt diese – soweit sich dies bei dem großen Textverlust beurteilen lässt – konsequent, indem sie vor allem die Vorgeschichte stark rafft; der Visionsbericht wird weniger, aber ebenfalls durchgehend gekürzt. Neben der Auslassung ganzer Sätze fallen sehr viele Wortumstellungen und Umformulierungen dieser damit durchaus aufwendigen Bearbeitung auf. Aufgrund der starken Kürzungen lässt sich kaum verifizieren, in welchem Verhältnis die Fribourger Redaktion zu den Handschriften der Fassung E steht. Mit aller Vorsicht könnte man vermuten, dass die Bearbeitung des Fribourger Codex bei aller Nähe zur Mainzer Handschrift eher eine gemeinsame Vorlage mit dem Würzburger Codex teilt.

In jedem Fall kann jedoch festgehalten werden, dass diese Bearbeitung ein sehr frühes Zeugnis für die Verbreitung der Fassung E darstellt. Zudem markiert die Fribourger Handschrift den südlichsten Textzeugen für die Gruppe an Codices, welche den kontinentalen Zweig der Redaktion C, die Fassung E und die frühneuhochdeutschen Übersetzungen überliefern. Außerdem stammt

---

134 Die Annahme Jurots, dass die Fribourger Fassung identisch mit dem Text der Würzburger Handschrift sei, ist ebenso zu berichtigen wie seine Ansicht, dass Incipit und Explicit der beiden Versionen übereinstimmen würden, so Jurot, Catalogue, S. 53.

die Fribourger Handschrift als einziger Überlieferungsträger der ‚Vision des Mönchs von Eynsham' sicher aus einem Prämonstratenserkloster.

Alle drei erhaltenen frühneuhochdeutschen Übersetzungen der ‚Vision des Mönchs von Eynsham', die unabhängig voneinander entstanden sind und in vier Handschriften tradiert werden, sind sämtlich Übertragungen der Fassung E.[135] Eine dieser Übersetzungen wird in einem heute in Gotha verwahrten Codex überliefert, der in Nordbayern im letzten Viertel des 14. Jahrhunderts oder im frühen 15. Jahrhundert entstand.[136] Eine 1416 geschriebene Dresdner Handschrift aus dem Augustinerchorfrauenkloster Pillenreuth bei Nürnberg tradiert eine weitere Übertragung ins Frühneuhochdeutsche.[137] Eine dritte Übersetzung der ‚Vision des Mönchs von Eynsham' (Fassung E) ist in zwei Codices erhalten geblieben, die beide aus dem Dominikanerinnenkloster St. Katharina in Nürnberg stammen; die Münchner Handschrift wurde 1431 geschrieben und der Nürnberger Codex 1465–1476 abgefasst.[138]

Die frühneuhochdeutschen Übersetzungen sind im Gegensatz zu den lateinischen Fassungen der ‚Vision des Mönchs von Eynsham' in Handschriften überliefert, die aus Frauenklöstern stammen. Doch nicht nur der Rezipientenkreis, sondern auch die geographische Verbreitung der Vision weitete sich mit diesen Übertragungen aus: Als durch die frühneuhochdeutschen Übersetzungen dokumentiertes weiteres wichtigstes Verbreitungsgebiet der Fassung E darf damit desgleichen der bayerisch-fränkische Raum gelten, der in der lateinischen Vorlage nur durch die Würzburger Handschrift repräsentiert wird. Somit kann eine starke Rezeption dieser Redaktion vom ausgehenden 14. bis zum 16. Jahrhundert im gesamten süddeutschen Sprachraum angenommen werden.

7. Erstedition und Forschungsstand

Edition: Beitrag zur Visionsliteratur und Siebenschläferlegende des Mittelalters. Eine literargeschichtliche Untersuchung, Bd. 1: Texte, ed. von Michael Huber, in: Beilage zum Jahresbericht des humanistischen Gymnasiums Metten für das Schuljahr 1902/1903, S. 1–38.

135 Eine Neuedition der drei frühneuhochdeutschen Übersetzungen hat Thomas Ehlen vorbereitet.
136 Vgl. die Handschriftenbeschreibung Falk Eisermanns im noch ungedruckten ‚Katalog der deutschsprachigen mittelalterlichen Handschriften der Forschungsbibliothek Gotha', derzeit abrufbar unter: http://www.manuscripta-mediaevalia. de/dokumente/html/obj31578535.
137 Vgl. die umfassende Handschriftenbeschreibung bei Palmer, Visio Tnugdali, S. 235–240.
138 Vgl. den Hinweis auf den Münchner Codex bei Zapf, Visio, S. 871, und die kurze Erwähnung der Nürnberger Handschrift bei Palmer, Visio Tnugdali, S. 416.

Der erste Herausgeber, Pater Michael Huber O.S.B., edierte die Fassung E der ‚Vision des Mönchs von Eynsham' nach der St. Galler und der Basler Handschrift, wobei er dazu tendierte, den St. Galler Codex als Leithandschrift zu verwenden. Nachweise der Bibelzitate und der biblisch geprägten Formulierungen bietet Huber nicht, zudem erstellte er keinen Similienapparat. Eine erweiterte Handschriftenbasis, die sekundäre Stellung der Abschriften aus St. Gallen und Basel im Stemma sowie zahlreiche Lesefehler Hubers machen die Neuedition des Textes erforderlich.

In seiner Edition der Langfassung erwähnte Huber die beiden Codices aus Basel und Sankt Gallen nicht.[139] Thurston, ein weiterer Herausgeber der Langfassung, hatte von der Existenz einer Handschrift in Mainz gehört; beim Basler Codex, den er ebenfalls nicht eingesehen hatte, vermutete er, dass dieser die lateinische Rückübersetzung aus dem Französischen überliefere.[140] Salter wusste von der Existenz der Handschriften in Basel und St. Gallen, ohne diese jedoch einordnen zu können.[141]

Huber widmete sich im Vorwort zu seiner Edition der Fassung E vor allem der Auseinandersetzung mit der Danteforschung und den Hauptzügen der Geschichte der Jenseitsreisen im Mittelalter, um danach kurz die ‚Vision des Mönchs von Eynsham' im Gesamten vorzustellen.[142] Die Fassung E erwähnte er dabei nur an einer Stelle: Huber bezeichnete diese als „Epitome" mit „oft sehr bedeutenden Verschiedenheiten von der längeren Fassung"[143].

Die Fassung E der ‚Vision des Mönchs von Eynsham' und die sie überliefernden Handschriften blieben wohl auch deswegen in der Forschung so unbekannt, weil die Edition Hubers unter dem unspezifischen Titel ‚Beitrag zur Visionsliteratur und Siebenschläferlegende des Mittelalters. Eine literargeschichtliche Untersuchung', der den edierten Text nicht kenntlich macht, publiziert wurde. Ferner fand die Edition aufgrund des abgelegenen Publikationsorts, der ‚Beilage zum Jahresbericht des humanistischen Gymnasiums Metten', kaum Verbreitung. Die Fassung E ist somit in der Forschung „fast unbeachtet geblieben"[144], lediglich in einer Fußnote eines 1904/1905 erschienenen Aufsatzes von Umberto Cosmo wurde Hubers Edition, die auf zwei Handschriften des 15. Jahrhunderts basiere, genannt.[145] Erst im Jahr 1998 wurde auf die Fassung E erneut aufmerksam gemacht und auf

---

139 Vgl. Huber, Einleitung Visio Monachi de Eynsham, S. 641–643.
140 Vgl. Thurston, Introduction, S. 234–235.
141 Vgl. Salter, Introduction, S. 280.
142 Vgl. Huber, Einleitung Beitrag zur Visionsliteratur, S. III–VI.
143 Huber, Einleitung Beitrag zur Visionsliteratur, S. VII.
144 Ehlen/Mangei/Stein, Einleitung, S. IX.
145 Vgl. Cosmo, Fonte, S. 77.

die Bezüge der Handschriften zum Kartäuserorden hingewiesen.[146] Robert Easting erwähnte in seiner 2002 publizierten Edition der mittelenglischen Übersetzung der ‚Vision des Mönchs von Eynsham' die Fassung E als „late redaction"[147] und führte die seit 1998 bekannten Handschriften auf.[148] Zuletzt wies Christopher Thomas John Wilson 2012 in einem Forschungsbericht auf diese Redaktion hin.[149] Eine eingehendere Erforschung der ‚Vision des Mönchs von Eynsham' (Fassung E) steht somit noch aus.

8. Editionsprinzipien

In den letzten Jahren wurde bei der Edition von mittelalterlichen Jenseitsvisionen verstärkt die überlieferungsgeschichtliche Methode angewandt, zudem ist das Bewusstsein gestiegen, möglichst alle Redaktionen einer Vision zumindest zu dokumentieren.[150] Auch die Neuedition der ‚Vision des Mönchs von Eynsham' (Fassung E) versteht sich als eine überlieferungsgeschichtliche, der hier wiedergegebene Text richtet sich nach der Mainzer Handschrift. In den Wortlaut wurde ausschließlich bei den im Folgenden aufgeführten offensichtlichen Abschreibefehlern eingegriffen, die ein Verständnis des Textes erschweren würden:

Cap. I: *Tandem ex insperato imminente (eminente mz) resurrectionis dominice annua sollempnitate cepit aliquantulum se leuius habere et uiribus parumper resumptis baculo innisus per cellam infirmorum solus deambulare.*

Cap. II: *Diucius itaque hesitabant, quid in re tali faciendum sibi esset, dum nec penitus exanimari, nec (n. ex mz) melioriari aliquatenus cerneretur.*

---

146 Vgl. Bihrer, Bearbeitungspraxis, und Mangei, Bedeutung, S. 139–141, mit dem Fazit, dass die Fassung E „vornehmlich in Handschriften aus Kartausen bzw. kartäusisch beeinflußten Klöstern überliefert wird", so ebd., S. 157; die Fassung E wird auch in der 2002 publizierten Studie Johannes Mangeis zum Thema ‚Kartäuserorden und Visionsliteratur im Mittelalter und in der Frühen Neuzeit' erwähnt, vgl. Mangei, Kartäuserorden, S. 309, zudem im Jahr 2016 in Bihrer, Offenbarungen, S. 246–247.

147 Easting, Introduction, S. xxi, xxv und xxix.

148 Vgl. Easting, Introduction, S. xxiv–xxv.

149 Eine Redaktion der ‚Vision des Mönchs von Eynsham' „particularly popular in the houses of German Carthusian monks," so Wilson, Dissemination, S. 28, mit Verweis auf Bihrer, Bearbeitungspraxis.

150 Zu den jüngeren Tendenzen bei der Edition von mittelalterlichen Jenseitsvisionen vgl. den Forschungsüberblick bei Bihrer, Offenbarungen, mit Vorschlägen für zukünftige Editionsformate ebd., S. 256–257.

Cap. IV: *„O", inquid, „domina mea sancta Maria"; nam hoc frequen-*
                tissime repetebat „pro quo peccato perdo tam magnum (m.
                bonum mz) *gaudium?"*

Cap. XVIII: *Dum talibus angustiis desperabiliter infelix urgeretur (urge-*
                tur mz), *repente de celo lux inconparabilis irruens tam ipsam*
                quam tortores eius in terram prostrauit, et multitudo uirgi-
                num cum luce descendit niueis uestibus, auro et margaritis
                refulgens.

Cap. XXI: *Frequenter enim erexi me contra me, firmiter proponens*
                huius seruitutis pessime iugo subtrahere, sed mox bibendi
                suauitate et conbibencium inportunitate, quibus ex equo
                inique (iniqua mz) *conpotare conpellebar deuictus, trahebar*
                denuo captiuus in regnum peccati, quod erat in gula et in
                faucibus meis.

Cap. XXVIII: *Via quidem laboriosa eam non* (om. mz) *mediocriter fatiga-*
                bat; penis eciam ignium, quibus hinc inde alii inuoluebantur,
                ipsa frequencius attacta solummodo urebatur.

Cap. XXXI: *Votorum fractio, que ex deliberacione processerat (proces-*
                serant mz), *inestimabiliter luebatur.*

Cap. XXXII: *In cuius preuaricacionis penam iter illud omni nocte agere*
                cogebatur, debilis quidem uiribus, sumptibus destitutus, aeris
                intemperie (intemperiem mz) *et maris asperitatibus intolera-*
                biliter angustatus, uix breuissimam dietam agere ualebat.

Cap. XXXVI: *Vidi et alium, qui de humilitate cenobiali, in qua deuotus,*
                in sui afflictione rigidus, in meditacione uigil et in ceteris
                obseruanciis uixerat studiosus, ad primatus (primatis mz)
                officium sublimatus, cum magna premineret sciencia, sub-
                iectorum saluti minus inuigilauit.

Cap. XXXVII: *Pretereo (Preterea* mz) *superbos, inuidos, detrahentes et*
                odientes proximum, cenodoxie seruientes et ceteros diuersis
                criminibus irretitos, quorum singula uicia singulis et propriis
                cruciatibus luuntur, cum uiderim ibi bene religiosos pro eo
                solo, quod in manuum decore et digitorum ostentacione
                gloriari consueuerant, amara nimis perferre supplicia.

Cap. LI: *Tandem dissenteriam incurrens post percepcionem sollemp-*
                nem sacramentorum nocte prima sui exitus uidit (uidet mz)
                Dominum Ihesum cum beatissima Virgine matre sua ipsum
                uocantem.

Cap. LII: *Hunc tantum uirum obuium habui, et me eum salutantem*
                salutauit et adolescentem monachum suo comitatui adhe-
                rentem michi ostendit, qui corde et corpore puro in eiusdem
                monasterio habitu (habitum mz), *quem feruenter quesierat,*

feruencius gestabat et obitum suum fratribus predicens me-
ruit, ut eo moriente uoces celestium ab astantibus audirentur.

Die Interpunktion richtet sich – abgesehen von den Satzschlusszeichen –
nicht nach dem handschriftlichen Befund, sondern wurde modernen Lesege-
wohnheiten angepasst. Die Großschreibung der Satzanfänge in der Mainzer
Handschrift wurde übernommen, zusätzlich Eigennamen, unter ihnen die
Nomina sacra, auf diese Weise hervorgehoben. Die Orthographie richtet sich,
abgesehen von der konsequenten Trennung von Präpositionen und dazuge-
hörigen Nomina, nach der Mainzer Handschrift. Nicht vereinheitlicht wurden
Schreibweisen, die in der Handschrift variieren, so beispielsweise bei *inquit*
und *inquid*; eine Ausnahme bildet hingegen, dass *v* zu *u* bzw. *U* zu *V* vereinheitlicht wurden.

Im kritischen Apparat sind die folgenden orthographischen Varianten nicht
angegeben: *ae* bzw. *oe – e, h – ch, y – i, ti – ci, mn – mpn, d – t, x – s, k –*
c, sc – c und *ang – ag*. Unberücksichtigt bleiben ebenso Dittographie bzw.
Haplographie von Konsonanten sowie die Hinzufügung oder Auslassung von
h. Nicht angezeigt werden zudem Korrekturen, die ausschließlich zur Verbes-
serung der Leserlichkeit von Buchstaben oder Buchstabengruppen beitragen
sollten. Die Reihenfolge der Siglen im Apparat richtet sich nach dem Alter
der Handschriften.

Der Bibel- und der Similienapparat weist Übernahmen aus antiken und
mittelalterlichen Texten nach, die der Erstredaktor der Vision oder der Redaktor der hier edierten Fassung E einbrachten. Motivische Übereinstimmungen
insbesondere mit der Visionsliteratur werden nicht nachgewiesen.

Die Edition übernimmt nicht die stark differierende Kapiteleinteilung der
Handschriften, sondern bietet zur besseren Vergleichbarkeit mit den bisherigen Editionen der Fassungen B und C deren Gliederung.

9. Abkürzungen

Folgende Abkürzungen werden verwendet:

a. c.: ante correctionem
a. m.: alia manu
add.: addidit
corr.: correxit
del.: delevit
in marg.: in margine
om.: omisit
p. c.: post correctionem
sup. l.: super lineam

10. Verzeichnis der Siglen

be   Berlin, Staatsbibliothek Preußischer Kulturbesitz, cod. theol. lat. fol.
      705, f. 26^r–41^v
      Kartause St. Barbara in Köln, 1560–1570
bs   Basel, Universitätsbibliothek, cod. A VI 16, f. 185^r–211^r
      Hieronimus Zscheckenbürlin, Basel, kurz vor 1487
mz   Mainz, Stadtbibliothek, cod. I 289, f. 35^r–54^r
      Kartause St. Michael in Mainz, drittes Viertel des 14. Jahrhunderts
sg   St. Gallen, Stiftsbibliothek, cod. 142, p. 324–344
      Mathias Bürer, Memmingen, 1477
wb   Würzburg, Universitätsbibliothek, M. ch. q. 99, f. 245^r–269^r
      Benediktinerkloster St. Stephan in Würzburg, 1460–1464

III. Bibliographie

In die Bibliographie wurden zum einen die in der Einleitung zitierten Quellen und die dort aufgeführte Sekundärliteratur aufgenommen, nicht aber die Forschungsliteratur zu den einzelnen Überlieferungsträgern, die am Ende der jeweiligen Handschriftenbeschreibung aufgeführt wird. Zum anderen wird im Folgenden die Sekundärliteratur zur Fassung E vollständig dokumentiert, zu den weiteren Redaktionen der ‚Vision des Mönchs von Eynsham' werden hingegen nur die jüngeren Publikationen vermerkt, da die publizierten Ergebnisse der älteren Forschung bereits in den 1993, 1997, 1998 bzw. 2002 gedruckten Bibliographien bei Gardiner, Vision, Easting Visions, Ehlen/Mangei/Stein, Visio, und *Revelation, ed. Easting*, vollständig verzeichnet wurden.

1. Editionen der ‚Vision des Mönchs von Eynsham'

Beitrag zur Visionsliteratur und Siebenschläferlegende des Mittelalters. Eine literargeschichtliche Untersuchung, Bd. 1: Texte, ed. von Michael Huber, in: Beilage zum Jahresbericht des humanistischen Gymnasiums Metten für das Schuljahr 1902/1903, S. 1–38.

The Revelation of the Monk of Eynsham, ed. von Robert Easting (Early English Text Society, Bd. 318), Oxford 2002.

The Revelation to the Monk of Evesham 1196, ed. von Edward Arber, London 1869.

Visio Monachi de Eynsham, ed. von Herbert Thurston, in: Analecta Bollandiana 22 (1903), S. 225–319.

Visio Monachi de Eynsham, ed. von Michael Huber, in: Romanische Forschungen 16 (1904), S. 641–733.

Vision of the Monk of Eynsham, ed. von Herbert Edward Salter, in: The Cartulary of the Abbey of Eynsham, ed. von Herbert Edward Salter, Bd. 2 (Oxford Historical Society, Bd. 51), Oxford 1908, S. 255–371.

2. Quellen

Bernardus Claraevallensis, Epistolae, ed. von Jean Leclercq und Henri-Maria Rochais (Sancti Bernardi Opera, Bd. 8), Rom 1977.

Bernardus Claraevallensis, Sermones, ed. von Jean Leclercq und Henri-Maria Rochais (Sancti Bernardi Opera, Bd. 4–6), Rom 1966–1972.

The Cartulary of the Abbey of Eynsham, ed. von Herbert Edward Salter, 2 Bde. (Oxford Historical Society, Bd. 49 und 51), Oxford 1907–1908.

The Customary of the Benedictine Abbey of Eynsham, ed. von Antonia Gransden (Corpus consuetudinum monasticarum, Bd. 2), Siegburg 1963.

Decretum magistri Gratiani, ed. von Emil Friedberg und Aemilius Ludwig Richter (Corpus Iuris Canonici, Bd. 1), Leipzig 1879.

English Episcopal Acta, Bd. 4: Lincoln 1186–1206, ed. von David Smith, London 1986.

Grégoire le Grand, Dialogues, Bd. 3: Livre IV, ed. von Adalbert de Vogüé (Sources Chrétiennes, Bd. 265), Paris 1980.

Gregorius Magnus, Homiliae in Euangelia, ed. von Raymond Étaix (Corpus Christianorum Series Latina, Bd. 141), Turnhout 1999.

Hélinand de Froidmont, Sermones, ed. von Jacques Paul Migne (Patrologia latina, Bd. 212), Paris 1855, Sp. 661–668.

Magna Vita S. Hugonis Episcopi Lincolniensis, ed. von James Francis Dimock (Rerum Britannicarum Medii Aevi Scriptores, Bd. 37), London 1864.

Magna Vita Sancti Hugonis. The Life of St. Hugh of Lincoln, Bd. 1, ed. von Decima Langworthy Douie und David Hugh Farmer (Oxford Medieval Texts), 2. Aufl., Oxford 1985.

Marcus von Regensburg, Visio Tnugdali. Vision des Tnugdalus, ed. von Hans-Christian Lehner und Maximilian Nix (Fontes Christiani, 5. Folge, Bd. 74), Freiburg 2018.

Matthaeus Parisiensis, Abbreviatio Chronicorum Angliae, Bd. 3, ed. von Frederic Madden (Rerum Britannicarum Medii Aevi Scriptores, Bd. 44, 3), London 1869.

Matthaeus Parisiensis, Chronica Maiora, Bd. 2, ed. von Henry R. Luard (Rerum Britannicarum Medii Aevi Scriptores, Bd. 57, 2), London 1874.

Matthaeus Parisiensis, Historia Anglorum, Bd. 2, ed. von Frederic Madden (Rerum Britannicarum Medii Aevi Scriptores, Bd. 44, 2) London 1866.

Petrus Damiani, De bono suffragiorum et uariis miraculis, presertim B. Virginis, ed. von Jacques Paul Migne (Patrologia latina, Bd. 145), Paris 1853.

Radulfus de Coggeshall, Chronicon Anglicanum, ed. von Joseph Stevenson (Rerum Britannicarum Medii Aevi Scriptores, Bd. 66), London 1875.

Rogerus de Windesora, Liber qui dicitur Flores Historiarum, Bd. 1, ed. von Henry G. Hewlett (Rerum Britannicarum Medii Aevi Scriptores, Bd. 84, 1), London 1886.

St Patrick's Purgatory. Two Versions of Owayne Miles and the Vision of William of Stranton together with the long Text of the Tractatus de Purgatorio Sancti Patricii, ed. von Robert Easting (Early English Text Society, Bd. 298), Oxford 1991.

Visio Thurkilli. Relatore, ut videtur, Radulpho de Coggeshall, ed. von Paul Gerhard Schmidt, Leipzig 1978.

3. Sekundärliteratur

Adams, Gwenfair Walters, Visions in Late Medieval England. Lay Spirituality and sacred Glimpses of the hidden World of Faith (Studies in the History of Christian Traditions, Bd. 130), Leiden 2007.

Baschet, Jérome, Les justices de l'Au-delà. Les représentations de l'enfer en France et en Italie (XIIᵉ–XVᵉ siècle) (Bibliothèque des Écoles françaises d'Athènes et de Rome, Bd. 279), Rom 1993.

Becker, Ernest Julius, A Contribution to the Comparative Study of the Medieval Visions of Heaven and Hell, with Special Reference to the Middle-English Versions, Diss. Baltimore 1899.

Benz, Maximilian, Gesicht und Schrift. Die Erzählung von Jenseitsreisen in Antike und Mittelalter (Quellen und Forschungen zur Literatur- und Kulturgeschichte, Bd. 78), Berlin/Boston 2013.

Berlioz, Jacques, Gli ‚Exempla' Cicercensi nella prima parte del ‚Tractatus de diversis materiis predicabilibus' di Stefano di Bourbon († c. 1261), in: Herbertus Archiepiscopus turrinatus. Bollettino del Gruppo di Studi ‚Herbertus' 3 (2002), S. 17–37.

Bihrer, Andreas, Die Bearbeitungspraxis mittelalterlicher Visionsliteratur. Eine spätmittelalterliche Redaktion der 'Visio Edmundi monachi de Eynsham', in: Ehlen, Thomas/Mangei, Johannes/Stein, Elisabeth (Hg.), Visio Edmundi monachi de Eynsham. Interdisziplinäre Studien zur mittelalterlichen Visionsliteratur (ScriptOralia, Bd. 105), Tübingen 1998, S. 91–112.

Bihrer, Andreas, Journeys to the Otherworld, in: Herbers, Klaus (Hg.), Prophecy and Prognostication in Medieval European and Mediterranean Societies, Berlin/New York [im Druck].

Bihrer, Andreas, Variable göttliche Offenbarungen. Überlieferungsgeschichtliche Perspektiven der Forschung zu Visionen und Jenseitsreisen im Mittelalter, in: Klein, Dorothea, in Verbindung mit Horst Brunner und Freimut Löser (Hg.), Überlieferungsgeschichte transdisziplinär. Neue Perspektiven auf ein germanistisches Forschungsparadigma (Wissensliteratur im Mittelalter, Bd. 52), Wiesbaden 2016, S. 241–262.

Blanco Pascual, Cecilia, Una Visio Edmundi monachi de Eynsham en el Archivo de la Catedral de Oviedo, in: Memoria ecclesiae 24 (2004), S. 109–113.

Carozzi, Claude, Le voyage de l'âme dans l'Au-delà d'après la littérature latine (V^e–XIIIe siècle) (Collection de l'École française de Rome, Bd. 189), Rom 1994.

Cavagna, Mattia, Les visions de l'au-delà et l'image de la mort, in: Doudet, Estelle (Hg.), La mort écrite. Rites et rhétorique du trépas au Moyen Age, Paris 2005, S. 51–70.

Chambers, Edmund Kerchever, Eynsham under the Monks (Oxfordshire Record Society Series, Bd. 18), Oxford 1936.

Constable, Giles, The Vision of Gunthelm and other Visiones attributed to Peter the Venerable, in: Revue Bénédictine 66 (1956), S. 92–114.

Cosmo, Umberto, Una nuova fonte dantesca?, in: Studi medievali 1 (1904–1905), S. 77–93.

Cremonesi, Sara, Le visiones dell'Aldilà nella cultura medievale: la Visio monachi de Eynsham, Tesi di Laurea Magistrale in Lettere Moderne, Mailand 2017.

Davies, Constance, The Revelation to the Monk of Evesham, in: Review of English Studies 11 (1935), S. 182–183, 330.

Dengler, Mark, In speculo et enigmate. Zur Auswahl und Funktion biblischer Zitate in der 'Visio Edmundi monachi de Eynsham', in: Ehlen, Thomas/Mangei, Johannes/Stein, Elisabeth (Hg.), Visio Edmundi monachi de Eynsham. Interdisziplinäre Studien zur mittelalterlichen Visionsliteratur (ScriptOralia, Bd. 105), Tübingen 1998, S. 59–71.

Dimock, James Francis, Preface, in: Magna Vita S. Hugonis Episcopi Lincolniensis, ed. von James Francis Dimock (Rerum Britannicarum Medii Aevi Scriptores, Bd. 37), London 1864, S. ix–lxviii.

Dinzelbacher, Peter, An der Schwelle zum Jenseits. Sterbevisionen im interkulturellen Vergleich, Freiburg 1989.

Dinzelbacher, Peter, Bericht, Verschriftlichung und Reoralisierung visionärer Erlebnisse im Mönchtum des 12. und 13. Jahrhunderts, in: Vanderputten, Steven (Hg.), Understanding Monastic Practices of Oral Communication (Western Europe, Tenth-Thirteenth Centuries) (Utrecht Studies in Medieval Literacy, Bd. 21), Turnhout 2011, S. 245–263.

Dinzelbacher, Peter, Christliche Mystik im Abendland. Ihre Geschichte von den Anfängen bis zum Ende des Mittelalters, Paderborn/München 1994.

Dinzelbacher, Peter, Edmund von Eynsham, in: Lexikon des Mittelalters, Bd. 3, München/Zürich 1986, Sp. 1581–1582.

Dinzelbacher, Peter, Jenseitsvisionen – Jenseitsreisen, in: Mertens, Volker/ Müller, Ulrich (Hg.), Epische Stoffe des Mittelalters (Kröners Taschenausgabe, Bd. 483), Stuttgart 1984, S. 61–80.

Dinzelbacher, Peter, Mittelalterliche Visionsliteratur. Eine Anthologie, Darmstadt 1989.

Dinzelbacher, Peter, Revelationes (Typologie des Sources du Moyen Âge occidental, Bd. 57), Turnhout 1991.

Dinzelbacher, Peter, The Beginnings of Mysticism experienced in Twelfth-Century England, in: Glasscoe, Margaret (Hg.), The Medieval Mystical Tradition in England. Exeter Symposium IV, Cambridge 1987, S. 111–131.

Dinzelbacher, Peter, Vision und Visionsliteratur im Mittelalter (Monographien zur Geschichte des Mittelalters, Bd. 64), 2. Aufl., Stuttgart 2017.

Douie, Decima Langworthy/Farmer, David Hugh, Introduction, in: Magna Vita Sancti Hugonis. The Life of St. Hugh of Lincoln, Bd. 1, ed. von Decima Langworthy Douie und David Hugh Farmer (Oxford medieval texts), 2. Aufl., Oxford 1985, S. vii–liv.

Easting, Robert, Access to Heaven in Medieval Visions of the Otherworld, in: Muessig, Carolyn/Putter, Ad (Hg.), Envisaging Heaven in the Middle Ages (Routledge Studies in Medieval Religion and Culture, Bd. 6), London/ New York 2007, S. 75–90.

Easting, Robert, Introduction, in: The Revelation of the Monk of Eynsham, ed. von Robert Easting (Early English Text Society, Bd. 318), Oxford 2002, S. xvii–c.

Easting, Robert/Sharpe, Richard, Peter of Cornwall's Book of Revelations (Studies and Texts, Bd. 184; British Writers of the Middle Ages and the Early Modern Period, Bd. 5), Toronto 2013.

Easting, Robert, *Send Thine Heart into Purgatory*: Visionaries of the Otherworld, in: Cooper, Helen/Mapstone, Sally (Hg.), The Long Fifteenth Century: Essays for Douglas Gray, Oxford 1997, S. 185–203.

Easting, Robert, Visio Monachi de Eynsham as Source for some Exempla in Stephen of Bourbon's 'Tractatus de diversis materiis predicabilibus', in: Notes and Queries NS 52 (2005), S. 442–443.

Easting, Robert, Visions of the Other World in Middle English (Annotated Bibliographies of Old and Middle English Literature, Bd. 3), Cambridge 1997.

Ehlen, Thomas, Vision und Schrift – Interessen, Prozeß und Typik der Verschriftlichung hochmittelalterlicher Jenseitsreisen in lateinischer Sprache am Beispiel der 'Visio Edmundi monachi de Eynsham', in: Ehlen, Thomas/Mangei, Johannes/Stein, Elisabeth (Hg.), Visio Edmundi monachi de Eynsham. Interdisziplinäre Studien zur mittelalterlichen Visionsliteratur (ScriptOralia, Bd. 105), Tübingen 1998, S. 251–300.

Ehlen, Thomas/Mangei, Johannes/Stein, Elisabeth, Einleitung, in: Ehlen, Thomas/Mangei, Johannes/Stein, Elisabeth (Hg.), Visio Edmundi monachi de Eynsham. Interdisziplinäre Studien zur mittelalterlichen Visionsliteratur (ScriptOralia, Bd. 105), Tübingen 1998, S. VII–XIII.

Ehlen, Thomas/Mangei, Johannes/Stein, Elisabeth (Hg.), Visio Edmundi monachi de Eynsham. Interdisziplinäre Studien zur mittelalterlichen Visionsliteratur (ScriptOralia, Bd. 105), Tübingen 1998.

Erickson, Carolly, The medieval Visio: Essays in History and Perception, New York 1976.

Farmer, David Hugh, Eynsham, in: Aubert, Roger (Hg.), Dictionnaire d'histoire et de géographie ecclésiastiques, Bd. 16, Paris 1967, Sp. 276–280.

Farmer, David Hugh, Saint Hugh of Lincoln, London 1985.

Foster, Frances, Legends of After-Life, in: Severs, Jonathan Burke (Hg.), A Manual of the Writings in Middle English, 1050–1500, Bd. 2, New Haven 1970, S. 452–457, 645–649.

Gainer, Kim Dian, Prolegomenon to Piers Plowman. Latin Visions of the Otherworld from the Beginnings to the Thirteenth Century, Diss. Ohio State University 1987.

Gardiner, Eileen, Visions of Heaven and Hell before Dante, New York 1989.

Gardiner, Eileen, Medieval Visions of Heaven and Hell: a Sourcebook (Garland Medieval Bibliographies, Bd. 11), New York 1993.

Gebauer, Christian, Visionskompilationen. Eine bislang unbekannte Textsorte des Hoch- und Spätmittelalters (Arbeiten zur Historischen und Systematischen Theologie, Bd. 19), Münster 2013.

Gordon, Eric, Eynsham Abbey: 1005–1228. A small Window into a large Room, Chichester 1990.

Gransden, Antonia, Historical Writing in England, Bd. 1: c. 550 to c. 1307, 2. Aufl., London 1998.

Gransden, Antonia, Introduction, in: The Customary of the Benedictine Abbey of Eynsham, ed. von Antonia Gransden (Corpus consuetudinum monasticarum, Bd. 2), Siegburg 1963, S. 15–23.

Grey, Douglas, From the Norman Conquest to the Black Death. An Anthology of Writings from England, Oxford 2011.

Hardy, Alan, Eynsham. A Village and Its Abbey, Oxford 2003.

Hauréau, Barthélemy, Notices et extraits de quelques manuscrits latins de la bibliothèque nationale, Bd. 1, Paris 1890.

Holdsworth, Christopher, Eleven Visions connected with the Cistercian Monastery of Stratford Langthorne, in: Cîteaux 13 (1962), S. 185–204.

Holdsworth, Christopher, Visions and Visionaries in the Middle Ages, in: History 48 (1963), S. 141–153.

Huber, Michael, Einleitung, in: Beitrag zur Visionsliteratur und Siebenschläferlegende des Mittelalters. Eine literargeschichtliche Untersuchung, Bd. 1: Texte, ed. von Michael Huber, in: Beilage zum Jahresbericht des humanistischen Gymnasiums Metten für das Schuljahr 1902/1903, S. I–X.

Huber, Michael, Einleitung, in: Visio Monachi de Eynsham, ed. von Michael Huber, in: Romanische Forschungen 16 (1904), S. 641–643.

Jiroušková, Lenka, Die Visio Pauli. Wege und Wandlungen einer orientalischen Apokryphe im lateinischen Mittelalter unter Einschluß der alttschechischen und deutschsprachigen Textzeugen (Mittellateinische Texte und Studien, Bd. 34), Leiden 2006.

Jones, Charles Williams, Saint Nicholas of Myra, Bari and Manhattan, Chicago/London 1978.

Knowles, David/Hadcock, Richard Neville, Medieval Religious Houses: England and Wales, 2. Aufl., London 1971.

Knowles, David/Brooke, Christopher, The Heads of Religious Houses. England and Wales 940–1216, Cambridge 1972.

Knowles, David, The Monastic Order in England. A History of its Development from the Times of St Dunstan to the Fourth Lateran Council 940–1216, 2. Aufl., Cambridge 1966.

Landau, Markus, Hölle und Fegefeuer in Volksglaube, Dichtung und Kirchenlehre, Heidelberg 1909.

Leclercq, Jean, Visio Eynsham, in: Enciclopedia Dantesca, Bd. 5, Rom 1976, S. 1069.

Le Goff, Jacques, Die Geburt des Fegefeuers. Vom Wandel des Weltbildes im Mittelalter, Stuttgart 1984.

Lehner, Hans Christian, Prophetie zwischen Eschatologie und Politik. Zur Rolle der Vorhersagbarkeit von Zukünftigem in der hochmittelalterlichen Historiografie (Historische Forschungen, Bd. 29), Mainz 2015.

Losert, Kerstin, Adam von Eynsham – Erstredaktor der 'Visio Edmundi monachi de Eynsham'?, in: Ehlen, Thomas/Mangei, Johannes/Stein, Elisabeth (Hg.), Visio Edmundi monachi de Eynsham. Interdisziplinäre Studien zur mittelalterlichen Visionsliteratur (ScriptOralia, Bd. 105), Tübingen 1998, S. 3–30.

Mangei, Johannes, Die Bedeutung der Kartäuser für die Überlieferung der 'Visio Edmundi monachi de Eynsham', in: Ehlen, Thomas/Mangei, Johannes/ Stein, Elisabeth (Hg.), Visio Edmundi monachi de Eynsham. Interdisziplinäre Studien zur mittelalterlichen Visionsliteratur (ScriptOralia, Bd. 105), Tübingen 1998, S. 135–161.

Mangei, Johannes, Kartäuserorden und Visionsliteratur im Mittelalter und in der Frühen Neuzeit, in: Lorenz, Sönke (Hg.), Bücher, Bibliotheken und Schriftkultur der Kartäuser. Festgabe zum 65. Geburtstag von Edward Potkowski (Contubernium, Bd. 59), Stuttgart 2002, S. 289–316.

Matsuda, Takami, Death and Purgatory in Middle English Didactic Poetry, Cambridge 1997.

Mayr-Harting, Henry, St. Hugh of Lincoln. Lectures Delivered at Oxford and Lincoln to celebrate the Eighth Centenary of St. Hugh's Consecration as Bishop of Lincoln, Oxford 1987.

McGuire, Brian Patrick, The Cistercians and the Rise of the Exemplum in Early Thirteenth Century France: A Reevaluation of Paris BN Ms. lat. 15912, in: Classica et Mediaevalia 34 (1983), S. 211–267.

McGuire, Brian Patrick, Purgatory, the Communion of Saints, and Medieval Change, in: Viator 20 (1989), S. 61–84.

Minois, Georges, Histoire des enfers, Paris 1991.

Morgan, Alison, Dante and the Medieval Other World (Cambridge Studies in Medieval Literature, Bd. 8), Cambridge 1990.

van Os, Arnold Barel, Religious Visions. The Development of the Eschatological Elements in Medieval English Religious Literature, Amsterdam 1932.

Palmer, Nigel F., Visio monachi Eyneshamensis, in: Wachinger, Burghart u.a. (Hg.), Die deutsche Literatur des Mittelalters. Verfasserlexikon, zweite, völlig neu bearbeitete Auflage, Bd. 10, Berlin/New York 1999, Sp. 410–412.

Palmer, Nigel F., Visio Tnugdali. The German and Dutch Translations and their Circulation in the Later Middle Ages (Münchener Texte und Untersuchungen zur deutschen Literatur des Mittelalters, Bd. 76), München/ Zürich 1982.

Partner, Nancy F., Did Mystics have Sex?, in: Murray, Jacqueline/Eisenbichler, Konrad (Hg.), Desire and Discipline. Sex and Sexuality in the Premodern West, Toronto/Buffalo/London 1996, S. 296–311.

Patch, Howard Rollin, The Other World according to Descriptions in Medieval Literature, 2. Aufl., New York 1970.

Penkett, Robert, Sinners and the Community of Saints. Aspects of Repentance in a late Twelfth-Century Visio, M.A. Thesis, Lambeth 1996.

Polidori, Simona, Adam Eyneshamensis abb., in: Compendium auctorum latinorum medii aevi (500–1500), Bd. 1, 1, Florenz 2000, S. 27.

Röckelein, Hedwig, Otloh, Gottschalk, Tnugdal: Individuelle und kollektive Visionsmuster des Hochmittelalters (Europäische Hochschulschriften, Reihe III: Geschichte und ihre Hilfswissenschaften, Bd. 319), Frankfurt am Main/Bern/New York 1987.

Russell, Jeffrey Burton, A History of Heaven: The Singing Silence, Princeton 1997.

Salter, Herbert Edward, Vision of the Monk of Eynsham. Introduction, in: Eynsham Cartulary, hg. von Herbert Edward Salter (Oxford Historical Society, Bd. 51), Bd. 2, Oxford 1908, S. 257–283.

Schmidt, Paul Gerhard, Die Gegenwelt im Jenseits, in: Literaturwissenschaftliches Jahrbuch 24 (2003), S. 9–17.

Schmidt, Paul Gerhard, The Vision of Thurkill, in: Journal of the Warburg and Courtauld Institutes 41 (1978), S. 50–64.

Schmidt, Paul Gerhard, Vision, in: Reallexikon der deutschen Literaturwissenschaft, Bd. 3, Berlin/New York 2003, S. 784–786.

Schmidt, Paul Gerhard, *Visio diligenti narratione luculenter exarata.* Zu Sprache und Stil der 'Visio Edmundi monachi de Eynsham', in: Ehlen, Thomas/Mangei, Johannes/Stein, Elisabeth (Hg.), Visio Edmundi monachi de Eynsham. Interdisziplinäre Studien zur mittelalterlichen Visionsliteratur (ScriptOralia, Bd. 105), Tübingen 1998, S. 31–38.

Schutzner, Svato, Medieval and Renaissance Manuscript Books in the Library of Congress. A Descriptive Catalogue, Bd. 2: Theology and Canon Law, Washington 1999.

Sharpe, Richard, A Handlist of the Latin Writers of Great Britain and Ireland before 1540 (Publications of the Journal of Medieval Latin, Bd. 1), Turnhout 1997.

Stein, Elisabeth, ... *de Gallica edicione rithmice composita in Latinam transtuli* ... Eine Rückübersetzung der 'Visio Edmundi monachi de Eynsham', in: Ehlen, Thomas/Mangei, Johannes/Stein, Elisabeth (Hg.), Visio Edmundi monachi de Eynsham. Interdisziplinäre Studien zur mittelalterlichen Visionsliteratur (ScriptOralia, Bd. 105), Tübingen 1998, S. 113–133.

Tanner, Thomas, Bibliotheca Britannico-Hibernica, sive De scriptoribus, qui in Anglia, Scotia et Hibernia ad saeculi XVII initium floruerunt [...] commentarius, Tucson 1963 [London 1748].

Thurston, Herbert, A Conjectural Chapter in the Life of St. Edmund of Canterbury, in: Dublin Review 135 (1904), S. 229–257.

Thurston, Herbert, Introduction, in: Visio Monachi de Eynsham, ed. von Herbert Thurston, in: Analecta Bollandiana 22 (1903), S. 225–235.

Thurston, Herbert, Physical Phenomena of Mysticism, London 1952.

Thurston, Herbert, The Vision of the Monk of Eynsham, in: The Month 91 (1898), S. 49–63.

Torra, Alberto, El titulado ‚Liber de penis infernalibus' en un manuscrito de la ‚Vita prior' de T. de Celano, in: Estudios Franciscanos 112 (2011), S. 261–282.

Vorgrimler, Herbert, Geschichte der Hölle, München 1993.

Ward, Henry Leigh Douglas, Catalogue of Romances in the Department of Manuscripts in the British Museum, Bd. 2, London 1893.

Weitemeier, Bernd, Visiones Georgii. Untersuchung mit synoptischer Edition der Übersetzung und Redaktion (Texte des späten Mittelalters und der frühen Neuzeit, Bd. 43), Berlin 2006.

Wilson, Christopher Thomas John, The Dissemination of Visions of the Otherworld in England and Northern France c. 1150 – c. 1321, Ph.D. Thesis, University of Exeter 2012.

Willson, Elizabeth, The Middle English Legends of Visits to the Other World and their Relation to the Metrical Romances, Diss. Chicago 1917.

Wright, Thomas, Biographia Britannica Literaria. Or Biography of Literary Characters of Great Britain and Ireland arranged in Chronological Order, Bd. 2: Anglo-Norman Period, London 1846.

Zaleski, Carol, Otherworld Journeys: Accounts of Near-Death Experience in Medieval and Modern Times, New York/Oxford 1987.

Zapf, Volker, Visio Monachi Eyneshamensis (Visio Edmundi monachi de Eynsham), in: Achnitz, Wolfgang (Hg.), Deutsches Literatur-Lexikon. Mittelalter. Autoren und Werke nach Themenkreisen und Gattungen, Bd. 2: Das geistliche Schrifttum des Spätmittelalters, Berlin/Boston 2011, S. 871–872.

Zettle, Jamie, The Masculine Voice in the 'Visio monachi de Eynsham' 1196 (England, gender), M.A. Thesis, University of Windsor 1994.

B. Edition

[35ʳ] Incipit mirabilis uisio cuiusdam monachi rapti in spiritu.[1]

\<CAPVT I\>

in Emesamenensi[2] monasterio[3] iuuenis quidam[4] nuper ad uitam monasticam[5] fidei[6] deuocione a seculi uanitatibus conuersus est[7], qui circa primordia conuersionis sue uehementer egrotare incipiens per annum integrum et menses tres graui corporis inualitudine laborans[8] cibi[9] et potus abhominacionem ita incurrebat, ut per nouem[10] aliquando dies uel eo amplius nichil preter modicum aque calide perciperet. *Medicorum* nulla ei *quicquam remedii*[11,i] poterat conferre industria[12], sed in contrarium uertebatur, quicquid leuaminis causa ei a quolibet homine uidebatur exhibitum[13]. Languebat igitur[14] grabato decumbens uiribus

---

1 Incipit ... spiritu] Petrus Cluniacensis *a. m. mz,* Item uisiones siue reuelaciones cuiusdam monachi in extasi positi. uisiones siue reuelaciones cuiusdam monachi in extasi positi *wb,* Incipit uisio cuiusdam nouicii rapti in partibus Anglie de purgatorio *sg,* Incipit uisio cuiusdam nouicii rapti in partibus Anglie *bs,* Visio (Reuelatio facta *del.*) cuiusdam monachi nigri ordinis in Anglia de penis purgatorii et gaudiis celi. Anno Domini MC (*96 a. m.*) *be*
2 Emesamenensi] Emesamensi *sg be,* emessamenensi *bs*
3 monasterio] m. regni anglici *sg*
4 iuuenis quidam] erat q. i. qui *be*
5 uitam monasticam] m. u. *be*
6 fidei] fideli *be*
7 conuersus est] fuerat c. *be*
8 laborans] l. qui *wb*
9 cibi] Qui *sg*
10 per nouem] pernuam *wb*
11 remedii] *om. be*
12 quicquam remedii poterat conferre industria] i. q. r. p. c. *sg*
13 exhibitum] inpensum *bs*
14 igitur] ergo *wb sg*

i cf. Marc. 5, 26

corporis plurimum destitutus nec loco moueri[15] preualens nisi[16] ministrancium labore subuectus[17]. Ita tribus mensibus acerbius solito[18] maceratus est. Tandem ex insperato[19] imminente[20] resurrectionis dominice annua sollempnitate cepit aliquantulum se leuius habere et uiribus parumper resumptis[21] baculo innisus per cellam infirmorum solus deambulare. Interea cum iam adesset[22] nox, qua officium de tradicione Domini sollempni more consueuit celebrari, cui cene dominice eciam[23] proxime succedit dies, magne deuocionis instinctu ad maiorem ecclesiam una cum fratribus, qui secum debilitatis gracia in[24] infirmaria pausabant, baculo subuehente perrexit, ubi conuentus[25] nocturnales Domino laudes[26] persoluebat. Vbi[27] tantum conpunctionis gracie celestis respectu afflatus[28] percepit, ut modum excederet sancta deuocio. Vnde nec a fletibus[29] et Dei laudibus a medio noctis usque ad sextam diei sequentis horam se potuit continere, hinc miseracionum Domini, quas humano contulit generi, cum gaudio et ueneracione memor, inde preteritarum negligen[35ᵛ]ciarum et presentis sue inperfectionis cum dolore et luctu detrimenta deplorans. Circa sextam uero ipsius diei[30] accersiri ad se fecit duos[31] e fratribus, unum post alium, quibus suscipiendi confessiones et penitentibus absolucionem dandi ministerium traditum uel[32] creditum[33] fuerat, et utrique omnium, in quantum sibi possibile erat, culparum et[34] transgressionum quantumlibet minimarum ordinis siue[35] preceptorum Dei confessionem pure et integre in summa contricione et lacrimarum effusione fecit et absolucionem uehementi desiderio quesitam[36] percepit. Requisitus uero

---

15   loco moueri] a l. se m. *wb,* se l. mouere *be*
16   nisi] nec *sg*
17   subuectus] s. (Tandem ex insperato eminente *del.*) *mz*
18   solito] *om. bs be*
19   insperato] inspirato *wb bs*
20   imminente] eminente *mz wb,* i. iam *be*
21   resumptis] assumptis *a. c.* reassumptis *p. c. wb,* reassumptis *bs*
22   adesset] esset *sg bs*
23   dominice eciam] e. d. *be*
24   in] *sup. l. bs*
25   conuentus] conuet *mz*
26   Domino laudes] l. d. *sg bs*
27   Vbi] V. in *sg bs*
28   afflatus] *om. be*
29   a fletibus] affectibus *a. c. wb*
30   diei] d. horam *be*
31   duos] duobus *bs*
32   uel] et *be*
33   uel creditum] *om. wb*
34   et] *om. bs*
35   siue] sui *be*
36   quesitam] exquisitam *sg bs*

ab uno eorum, quid sibi tam[37] inmoderati fletus et luctus occasionem dedis-
set, suspicati enim sunt, quod se de seculo celerius[38] migraturum aliquo signo
sentiret, respondit se nichil[39] tale[40] sentire, immo curiosius sciscitanti fratri hoc
tantum confessus est: „Sciatis", inquiens[41], „Domine, quod nocte transacta
tantam[42] in capitulo, ubi simul fuimus[43], cordis suauitatem et exultacionem
percepi spiritus[44], quod uix meipsum capere aut ferre pre gaudii magnitudine[45]
ualeo." Requisiuit eciam, utrum consuetudinis esset, quod[46] ipsa nocte priores[47]
induti uestibus[48] et albis[49] disciplinas fratribus darent. Hec ab ipso audiens predictus frater credebat illum ex nimia exinanicione[50] capitis, quam inedia simul
et languore contraxisset inmoderato[51], in mentis alienacione talia proferre,
licet mirabili prudencia atque[52] discrecione toto egritudinis sue[53] tempore preditus fuisset[54]. Quamobrem *conmendans* eum *Domino*[ii] nichil ab eo ulterius[55]
inquirendum censuit moxque discessit. Eger autem[56] in Dei laudibus[57] totum
exegit diem. Sequenti[58] nocte modico prelibato sompno strato se excuciens[59],
cum ex more[60] illius temporis prouocandis[61] ad matutinas fratribus[62] tabula

---

37 tam] t. causa *wb*
38 celerius] *om. wb*
39 nichil] nil *bs*
40 se nichil tale] nil t. s. *sg*
41 inquiens] inquit *sg*
42 tantam] *om. sg bs be*
43 fuimus] f. tantam *be*
44 et exultacionem percepi spiritus]
    s. et ex. p. *be*
45 capere aut ferre pre gaudii
    magnitudine] p. g. m. c. a. f. *sg bs*
46 quod] q. in *be*
47 priores] p. sacris *be*
48 uestibus] *om. wb*
49 et albis] a. e. *wb*
50 exinanicione] inanicione *sg*
51 inmoderato] inmoderata *wb,*
    i. et *sg bs*
52 atque] et *sg bs*
53 egritudinis sue] s. e. *sg bs*
54 licet ... fuisset] *om. be*
55 ab eo ulterius] u. a. e. *be*
56 autem] aut *wb*
57 in Dei laudibus] i. l. d. *be*
58 sequenti] s. autem *sg bs*
59 strato ... excuciens] *om. be*
60 more] inde *wb*
61 prouocandis] conuocandis *wb*
62 ad matutinas fratribus] f. a. m. *sg bs*

ii Act. 14, 22; cf. Act. 20, 32

percuteretur, iter[63] ad ecclesiam, sicut pridie fecerat, aggressus est. Qualiter uero tunc in ecclesia[64] se[65] habuerit uel quando discesserit, uerbis illius[66] in sequentibus pandetur.

<CAPVT II>

Facto autem mane sequentis diei, id est[67] parasceues, cum [36ʳ] fratres ad prime hore sollempnia consurgerent peragenda et ecclesiam adituri ante capitulum transirent, conspiciunt eum ante sedem abbatis, ubi[68] ueniam petere fratres solent[69], nudis pedibus iacere, rectum[70] toto corpore, uultu solotenus[71] defixo[72], quasi ueniam a quolibet presidente ex more postularet. Quo uiso[73] stupefacti[74] accurrunt et uolentes eum amouere, uelud exanimem[75] et sine motu aliquo membrorum reperiunt oculis in profundiora dimersis et ipsis luminum sedibus ac naso multo sanguine illitis[76]. Igitur illum iam exspirasse[77] proclamant[78]. Pedes quidem[79] habebat frigidissimos, sed reliquo corpori[80] aliquantulum uidebatur inesse[81] caloris; motus arteriarum[82] nullus multo intercurrente[83] spacio[84] poterat dinosci, hanelitum tandem licet perexilem et precordialem motum uix ei superesse deprehensum est[85]. Itaque uerticem illius, pectus manusque ac pedes frigida diluentes aqua primo uiderunt eum toto corpore trementem, sed mox quieuit et insensibilis permansit. Diucius itaque hesitabant, quid in re tali

---

63 iter] ita *wb*
64 tunc in ecclesia] i. e. t. *wb*
65 se] s. se *a. c. wb*
66 quando discesserit uerbis illius] q. inde (eductus sit *p. c.*) u. i. *a. m. be*
67 id est] in *sg*
68 ubi] ut *wb*
69 fratres solent] s. f. *be*
70 rectum] *om. be*
71 solotenus] sere *a. c. bs,* in terram *be*
72 defixo] defixus *sg*
73 uiso] uisa *a. c. wb*
74 stupefacti] obstupefacti *sg bs*
75 exanimem] exanimam *wb*
76 oculis ... illitis] *om. be*
77 exspirasse] e. residuo *be*
78 proclamant] proclamabant *wb*
79 quidem] quidam *wb*
80 corpori] corpore *wb*
81 uidebatur inesse] i. u. *be*
82 arteriarum] aterrarum *wb,* arteriorum *sg bs*
83 intercurrente] incurrente *wb bs*
84 spacio] tempore *be*
85 deprehensum est] e. d. *be*

faciendum sibi esset, dum nec penitus exanimari[86] nec[87] melioriari aliquatenus cerneretur. Tandem inito consilio[88] ad lectum suum eum deferunt adhibitis custodibus, a quibus diligencia peruigili seruaretur.

<CAPVT III>

Itaque fratribus super tali stupentibus euentu, mirantur[89] namque[90] talem tamque insolitam egroti consistenciam, mirantur, qualiter id ei[91] accidisset uel quemadmodum sine amminiculo ad locum, ubi inuentus fuerat[92], peruenisset, mirantur denique omnia, que circa eum gesta fuerant[93], ammiranda satis, sed magis ueneranda: et quidam[94] acubus plantas[95] eius scalpentes ac pungentes[96] nichil, quod animati hominis esse solet, in eo perspicere potuerunt preter ruborem, qui genas et modicum teporem pocius[97] quam calorem[98] reliquum obtinebat corpus. Genarum eciam et faciei color frequenter in liuorem et[99] cinereum colorem[100] conuerti et denuo mirum in modum reuiuiscere [36ᵛ] et nitere uidebatur. Cornu uero[101] pregrandi[102] in aurem eius sed incassum uehementer bucinari[103] fecerunt.

<CAPVT IV>

in crastino autem, uidelicet die magni sabbati, instante iam hora, qua fratres ad collacionem et conpletorium erant conuenturi, ceperunt cilia[104] oculorum eius paululum agitari et ita marcescere, ac si bullienti aqua essent[105] decocta[106],

---

86   exanimari] exanimare *a. c. wb*
87   nec] n. ex *mz*
88   Itaque ... consilio] *om. be*
89   mirantur] monstratur *sg*
90   namque] *om. be*
91   id ei] e. i. *be*
92   fuerat] est *be*
93   fuerant] fuerunt *sg*
94   quidam] quidem *bs sg be*
95   plantas] p. plantas *a. c. bs*
96   ac pungentes] *om. be*
97   pocius] magis *sg bs*
98   calorem] c. qui *be*
99   et] *om. wb*
100 colorem] *om. wb*
101 uero] u. in *mz,* quoque *be*
102 pregrandi] pregrande *wb bs*
103 bucinari] buccinare *sg*
104 cilia] supercilia *wb sg*
105 bullienti aqua essent] e. b. a. *wb*
106 et ... decocta] *om. be*

et[107] deinde quidam humor more lacrimarum in genas leniter defluebat. Hec
uidentes, qui aderant, fratres conuocant, mox eum putantes migraturum.
Vidimus quoque paulo[108] ante labia eius parum moueri[109] conpressis tamen
faucibus, ac si predulce aliquid[110] ori[111] suo illapsum[112] gluciendo insumeret[113].
Post[114] defluxum autem lacrimarum, quasi si dormiens quis fleret[115], crebra[116]
et minuta[117] ab imo pectore[118] uisus[119] est[120] ingeminare suspiria[121] et post
modicum sono uix audibili sed minime intelligibili profundo in gutture uerba
quedam uoluere, sed que proferre nequibat, uidebatur. Redeunte autem[122]
spiritu uox hec prima ab ore ipsius[123] insonuit[124], quam intelligerent audien-
tes: „O sancta Maria", et denuo: „O domina mea[125,126] sancta Maria." Verba
ipsa[127] dicturus sum, sicut ab illo audiuimus, nichil adiciendo. „O", inquid,
„domina mea sancta Maria", nam hoc[128] frequentissime repetebat: „pro quo
peccato perdo tam magnum[129] gaudium?" Et iterum: „Domina mea sancta
Maria[130], quando recuperabo tam magnum, quod nunc perdo, gaudium?"
Hec[131] autem sepius et alia in hunc modum, quibus inmensi[132] nescio cuius

---

107 et] *om. wb*
108 paulo] paululum *sg bs*
109 parum moueri] m. p. *sg bs*
110 aliquid] *om. sg bs*
111 ori] ore *wb*
112 illapsum] i. illapsum *a. c. wb*
113 Vidimus ... insumeret] *om. be*
114 Post] Dum *sg*
115 fleret] ploret *be*
116 crebra] crebro *wb*
117 minuta] *om. be*
118 pectore] pectoris *be*
119 uisus] nisus *sg bs*
120 est] e. (ab imo pectore uisus est *del.*) *mz*
121 suspiria] *om. sg bs*
122 autem] a. sensim *be*
123 ore ipsius] eius o. *sg*
124 insonuit] insosonuit *a. c. wb,* sonuit *sg bs be*
125 mea] nostra *wb*
126 domina mea] †...† *in marg. be*
127 ipsa] hec *sg*
128 hoc] hec *sg bs*
129 magnum] m. bonum *mz*
130 Maria] *om. wb*
131 Hec] hoc *wb*
132 inmensi] i. i *a. c. bs*

gaudii[133,134] deflebat priuacionem, adhuc tamquam in sompnis et clausis[135] semper oculis iterabat. Deinde repente[136], *quasi de alto euigilans sompno*[iii], excussit caput et nimis *amare flere*[137, iv] et grauiter decurrentibus lacrimis singultire[138], ut plorantes[139] solent, cepit palmisque conplosis et digitis constrictis subito erexit se[140] et resedit caputque inter manus[141] et super genua deponens [37ʳ] lamentabilem[142] nimis planctum, sicut ceperat[143], continuare diucius non cessabat[144]. Tunc a quodam assidencium ei fratrum leniter inquisitus est, quid[145] sibi uellent tam ingentes[146] fletus uel quomodo se habere sentiret. Tunc ille[147] paululum quieuit et sic leni deinde uoce respondit: „Bene, bene", inquid[148], „et uere bene hactenus me habui, sed nunc male et uere male me habeo[149]." Et iterum uehemencius, quam ceperat, plangere et[150] plorare adiecit. Sed quia nimis longum, immo et inpossibile omnino est omnia[151] conmemorare, que tunc uelud in excessu mentis dixit, et, qualiter fleuit, exprimere[152] his ad presens omissis summatim, que ab illo postmodum[153] iam plene sensu[154] sibi[155] reddito in summa mentis contricione referri[156] audiuimus, perstringere uel ex parte curabimus.

---

133 gaudii] gaudium *a. c. wb*
134 quibus inmensi nescio cuius gaudii] cuius i. g. n *be*
135 clausis] clasis *wb*
136 repente] *om. be*
137 flere] flebat *be*
138 singultire] singlutire *wb*, singultim *sg bs*
139 plorantes] lacrimantes *sg*
140 erexit se] s. e. *be*
141 manus] m. et (inter *in marg.* manus *del.*) *wb*
142 lamentabilem] lametabilem *wb*
143 sicut ceperat] *om. be*
144 cessabat] cessauit *be*
145 quid] q. qui *a. c. wb*
146 ingentes] ingenti *wb*
147 ille] *om. wb*
148 bene inquid] i. b. *sg*
149 habeo] habea *a. c. wb*
150 et] *om. be*
151 omnino est omnia] omnia e. *wb*
152 exprimere] exprime *wb*
153 ab illo postmodum] p. a. i. *be*
154 sensu] *in marg.* mz, *om. be*
155 sensu sibi] sibi sensu *sg bs*
156 referri] refera *wb*, referre *sg bs be*

iii Gen. 45, 26
iv cf. Matth. 24, 75

<CAPVT V>

inter lamentaciones itaque[157] et suspiria oculos cum ingenti annisu[158] conpressis et reductis ter uel quater ciliis[159] demum[160] aperuit et utraque manu circumcirca[161] querere baculum in ecclesia relictum[162] cepit et non inueniens[163]: „Requirite", inquid, „hic[164] baculum nostrum, sed et calciamenta nostra prope columpnam sumite et redeamus in[165] infirmariam." Cui cum a[166] fratribus diceretur: „Iam *respice, frater*[v], et uide te[167] in infirmaria et in stratu[168] tuo locatum; baculus eciam[169] tuus et calciamenta tua en[170] presto sunt." Ille deinceps: „O", inquit, „quomodo huc uel quando deuenimus? Nonne modo simul in ecclesia ad matutinas fuimus[171,172]?" Audiens uero iam biduo se[173] ibidem quieuisse et paschalis sollempnitatis dominicum diem in crastino fore uehemencius plorare cepit. Et[174]: „O", inquit, „nonne, fratres[175], crucem dominicam in die parasceues[176] adorare debueramus et adhuc in conmune[177] non adorauimus[178]?" Cumque audiret pridie a fratribus hoc inpletum et illum detinente[179] egritudinis[180] inpedimento minime interfuisse: „O", inquit, „ego[181] postquam in ecclesia fui, nulla egritudine laboraui, sed iam uadam crucem Domini nostri[182]

---

157 itaque] *om. sg bs*
158 annisu] amissu *wb*
159 ciliis] aliis *wb*, celiis *bs*
160 demum] tandem *be*
161 circumcirca] circa *wb*
162 relictum] relicta *be*
163 inueniens] inuenit *wb*
164 hic] *om. sg bs be*
165 in] ad *wb*
166 a] *sup. l. wb*
167 te] t. esse *wb*
168 stratu] strato *sg*
169 eciam] *om. be*
170 en] eciam *wb*
171 fuimus] sumus *sg bs*
172 ad matutinas fuimus] f. a. m. *be*
173 iam biduo se] i. s. b. *sg,* s. i. b. *bs*
174 Et] *om. wb*
175 nonne fratres] f. n. *be*
176 parasceues] parasceuem *wb*
177 conmune] conmuni *wb be*
178 adorauimus] adoramus *wb*
179 detinente] detinentem *wb*
180 egritudinis] in *a. c. mz*
181 ego] *om. sg bs*
182 nostri] n. Iesu christi *wb, om.
sg bs,* mei *be*

v cf. Act. 22, 13

adorare. " Tunc allatam [37ᵛ] sibi crucem argenteam cum nimia¹⁸³ ueneracione amplexatur¹⁸⁴, *pedes lacrimis et osculis*¹⁸⁵ *rigat*¹⁸⁶, ⱽⁱ et lambit et usque ad tedium quorumdam circumstancium graciarum actiones pro¹⁸⁷ beneficiis¹⁸⁸ innumeris, quorum nonnulla singillatim¹⁸⁹ conmemorauit, Redemptori cum Patre et Spiritu Sancto persoluit et deinde¹⁹⁰ pro se et pro¹⁹¹ uniuersitate sancte et catholice matris ecclesie, immo et pro omni gradu¹⁹² et condicione fidelium et attencius pro inimicis, si qui essent, suis¹⁹³ uel amicorum suorum diuisim¹⁹⁴ *oraciones* et miras *obsecraciones*ᵛⁱⁱ fecit, tricies¹⁹⁵ uel pluries, ut¹⁹⁶ estimo¹⁹⁷, super pedes crucifixi *capite demisso*¹⁹⁸, ᵛⁱⁱⁱ incumbens oscula cum fletu inprimens, singultu plerumque orantis et gracias referentis uocem¹⁹⁹ interrumpente²⁰⁰. Verba, que in illa supplicacione protulit, tanta racione et sensuum profunditate, sed²⁰¹ et sermonum prompta facilitate erant ornata, ut pocius legere scripta quam propria²⁰² fundere uerba uideretur. Quorum prolacione predulci et²⁰³ tunc multos excitauit audiencium fletus²⁰⁴ et semper, cum illa²⁰⁵ recordamur, non minimum²⁰⁶

---

183 nimia] maxima *sg bs*
184 amplexatur] amplexatus *a. c.*
    amplexatus est *p. c. wb*
185 osculis] oculis *a. c.* osculis
    p. c. in marg. wb
186 rigat] irrigat *wb*
187 pro] p. pro *a. c. wb*
188 beneficiis] beficiis *wb*
189 singillatim] singulariter *sg bs,*
    sigillatim *be*
190 deinde] inde *wb*
191 pro] *om. sg be*
192 gradu] grado *a. c. bs*
193 suis] sui *sg bs*
194 diuisim] diuersis *be*
195 tricies] cencies *sg bs*
196 ut] Verum *wb*
197 estimo] estamio *a. c. wb*
198 demisso] dimisso *wb sg bs*
199 uocem] uoce *wb*
200 tricies ... interrumpente] fecit *be*
201 sed] *om. be*
202 propria] proprie *wb bs*
203 et] *om. sg*
204 excitauit audiencium fletus]
    a. e. ad f. *sg*
205 illa] *om. be*
206 minimum] minime *wb*

vi Luc. 7, 38 et 44; cf. Luc. 7, 45
vii cf. I Tim. 2, 1
viii cf. Iob 32, 6

conpunctionis et deuocionis et[207] dilectionis in Dominum[208] et fratres nostros, omnes scilicet homines, nobis prestant[209] incendium[210]. De clemencia et longanimitate Redemptoris[211] magnifica quedam ad singulas oraciunculas interserebat[212].

<CAPVT VI>

Interea signum ad collacionem pulsari cepit et reportantibus[213] crucem fratribus, que illi allata fuerat, et[214] discedentibus: „Iam", inquit, „uere scio, quia pascha Domini est[215]." Hoc qua de causa dixerit, postmodum exponetur. Remorante[216] autem secum quodam fratre sibi in sancto proposito familiariter dilecto eius[217] callida, sed pia[218] quodammodo circumuentus instancia, cum adhuc in quodam propter ea, que uiderat, animi[219] detineretur stupore, multa ex hiis[220], que ei acciderant ante[221] ipsam[222], qua *raptus fuerat*[ix], extasim[223] et ex[224] hiis, que spiritu abductus a seculo uiderat[225, 226], sparsim et[227], ut ita dixerim[228], frustra[38ʳ]tim[229] conmemorauit. Que *omnia* frater ille *in corde*

---

207 et] ac *sg*
208 Dominum] Deum *sg bs*
209 prestant] presentant *be*
210 incendium] incentiuum *be*
211 redemptoris] demptoris *a. c. wb*
212 interserebat] inserebat *sg,*
       interserebant *bs*
213 reportantibus] reportantes *sg bs*
214 crucem fratribus que illi allata
       fuerat et] c. q. i. a. fu. e. fr. *sg bs*
215 Domini est] e. d. *bs*
216 Remorante] Remanente *sg be*
217 eius] cuius *wb sg bs*
218 pia] peria *wb,* pio *be*
219 animi] cum *wb*
220 hiis] eis *sg*
221 ante] *om. be*
222 ipsam] ipsum *a. c. bs*
223 extasim] extasi *wb*
224 ex] *om. wb*
225 uiderat] *om. sg bs*
226 spiritu abductus a seculo uiderat]
       u. sp. ab. a. se. *be*
227 et] *om. wb sg bs*
228 dixerim] dicam *be*
229 frustratim] *om. sg*

ix cf. II Cor. 12, 4
x   Dan. 7, 28; Luc. 2, 19 et 5

suo[230] *conseruabat*[x] et his, que palam[231] ei accidisse conferens, postmodum occasione ex his[232] omnibus sumpta expressius et plenius ordinem singulorum cum ingenti addidicit[233] diligencia. Non tamen[234] uniuersa, que uidit in tam prolixo[235], duorum scilicet[236] dierum et totidem noctium[237], spacio[238], cuiquam narrare uoluit[239]. Quarumdam enim[240] uisionum mencionem inter narrandum[241] fecit, sed mox ceptam subticuit historiam. Inter alia uero sciscitantibus, utrum *de infirmitate* se speraret *euadere*[xi] uel in corpore diucius uiuere, respondit: „Satis", inquiens, „uiuam, nam *de infirmitate* iam[242] satis *conualui*[xii]."

<CAPVT VII>

Ad illam igitur usque horam[243], qua ad[244] matutinarum laudes festiua Domino[245] exultacione persoluendas[246] conuentus[247] pulsantibus signis cepit preparari[248], peruigil in lacrimis et graciarum actione permansit. Surgentibus uero fratribus et ipse cum eis, immo cum Domino ipsa quondam hora ab inferis resurgente surrexit et non sine gratulabunda admiracione intuencium[249] ecclesiam nullo[250] usus sustentamine[251] adiit[252], chorum ingressus est, quod fere xi mensium elapso spacio non fecerat.

---

230 suo] *om. wb*
231 palam] palim *sg*
232 his] *om. sg bs*
233 addidicit] addidit *sg be*
234 tamen] *om. be*
235 prolixo] prolixa *wb*
236 duorum scilicet] s. d. *sg*
237 noctium] *om. bs*
238 noctium spacio] s. n. *sg*
239 uoluit] uoluit *a. c.* noluit *p. c. wb*
240 enim] etiam *be*
241 narrandum] narrando *sg*
242 iam] *om. be*
243 usque horam] h. u. *a. c. mz,* h. u. *wb*
244 ad] *om. sg bs*
245 festiua Domino] d. f. *sg bs*
246 persoluendas] *om. sg bs*
247 conuentus] conuetus *wb*
248 preparari] preparare *a. c. wb*
249 admiracione intuencium] i. a. *be*
250 nullo] nulla *be*
251 sustentamine] sustentacione *wb be*
252 adiit] a. et *be*

xi IV Reg. 8, 8
xii Is. 38, 9; Hebr. 11, 34

\<CAPVT VIII\>

Cumque matutinis cantatis et celebratis missarum sollempniis percepta communione in locutorium cum aliquantis uenisset[253], multis precibus fratres ab eo obtinuerunt, ut illis duobus[254], quibus in die cene confessionem fecerat, ea, que sequuntur, narraret.

\<CAPVT IX\>

„Cum", inquit[255], „graui, sicut uidistis, corporis inualitudine tabefierem et ore atque animo Dominum[256] benedicerem et gracias illi referrem, quod me indignum paterno uerbere castigare dignaretur, postposita omnino spe sospitatis recuperande cepi, quamquam[257] nimis segniter, tamen utcumque[258], sicut[259] sciui et potui[260], meipsum preparare[261], quo cicius et facilius[262] futuri seculi[263] calamitates euadere[264] et perpetue salutis quietem, cum de corpore euocandus essem, inuenire possem. Dum hoc pro posse[265] meo sedule agerem, in[38ᵛ]cidi in talem cogitatum, ut Dominum peterem, quatenus michi reuelare[266] dignaretur, qualis esset futuri seculi[267] status.

\<CAPVT XII\>

cum ecce quadam nocte michi tenuiter dormienti assistere[268] uisa est quedam uenerabilis[269] persona, *angelicum[270] habens uultum*[xiii], *uestem bissinam*[xiv] *niue candidiorem*[xv], capillo cano, statura mediocri, que cum me erexisset, ait:

253 aliquantis uenisset] u. a. *a. c. mz*, u. cum a. *wb*
254 duobus] d. diebus *bs*
255 inquit] i. in *sg bs*
256 Dominum] Domino *sg*, Deum *be*
257 quamquam] quamuis *sg bs*
258 utcumque] utrumque *bs*
259 sicut] *om. sg*
260 tamen ... potui] *om. be*
261 preparare] preparatus *bs*
262 facilius] *om. wb*
263 seculi] s. seculi *a. c. bs*
264 euadere] euaderem *be*
265 posse] possem *wb*
266 reuelare] reuelarem *a. c. wb*
267 seculi] *in marg. wb*
268 assistere] *om. sg bs*
269 uenerabilis] notabilis *be*
270 dormienti ... angelicum] *om. wb*

xiii   Iud. 13, 6
xiv   cf. Apoc. 19, 14
xiii   Iud. 13, 6
xiv   cf. Apoc. 19, 14
xv   cf. Dan 7, 9

„*Sequere me.*ˣᵛⁱ' Et apprehendit manum meam²⁷¹, eam non relaxans a medio noctis ante parasceuen, quando in capitulo mentis excessum incurri, usque ad uesperam sabbati, quo toto tempore corporis sensibus destitutus, solo mentis officio²⁷² usus sum.

<CAPVT XV>

ibamus²⁷³ igitur²⁷⁴ per uiam planam recto orientis²⁷⁵ tramite, quousque peruenimus in regionem quandam nimis²⁷⁶ spaciosam, uisu horrendam²⁷⁷ palustri situ et luto in duriciem spissato deformem²⁷⁸. Ibi erat uidere hominum²⁷⁹ multitudinem, quam²⁸⁰ estimare nemo sufficeret, uariis et inenarrabilibus expositam suppliciorum inmanitatibus. Ibi utriusque sexus, uniuerse condicionis, professionis et ordinis turba innumerabilis. Miserorum choros²⁸¹ cateruatim²⁸² collectos secundum²⁸³ parilitatem²⁸⁴ criminum uel similitudinem professionum constrictos pariter estuare uidebam. Quoscumque autem cernebam, statim²⁸⁵ agnoscebam²⁸⁶ peccati genus et modum et eciam meritum satisfactionis, qua uel penitendo et²⁸⁷ confitendo uel auxilium ab amicis²⁸⁸ post mortem percipiendo acquisissent in illo penali piaculo ad ingressum²⁸⁹ celestis patrie²⁹⁰ preparari²⁹¹.

---

271 manum meam] me. ma. *a. c. wb*
272 mentis officio] o. m. *be*
273 Ibamus] Primus locus penarum *add.*
    in marg. sg
274 igitur] ergo *sg bs*
275 orientis] orientalis *wb*
276 nimis] *om. be*
277 horrendam] horridam *sg*
278 deformem] difformem *wb,* difformem
    a. c. bs
279 hominum] homine *a. c. wb*
280 quam] qua *bs*
281 choros] chorus *bs*
282 cateruatim] cateruariatim *wb*
283 secundum] *corr. in marg. be*
284 parilitatem] pluralitatem *wb,*
    parilitate *sg*
285 statim] iam *be*
286 agnoscebam] cognoscebam *be*
287 et] uel *be*
288 amicis] a. eius *sg,* inimicis eius *bs*
289 acquisissent ... ingressum] *om. wb*
290 patrie] regni *be*
291 preparari] preparare *wb*

xvi cf. Matth. 8, 22; Matth. 9,
     9; Marc. 2, 14; Luc. 5, 27;
     Ioh. 1, 43

Vniuersos inibi[292] positos[293] ad spem salutis aliquando capessende[294, 295] respirare[296] sciebam. Quidam de consciencia anteacte bonitatis consolati et fiducia proposite[297] mercedis roborati, queque atrocia[298] paciebantur, leuiora ducebant. Gementes tamen et incredibiliter eiulantes ad instanciam tormentorum inter hec paulatim ad anteriora et miciora tendebant. Nonnulli de loco, quo torquebantur, repente exiliebant et, dum[299] ad ulteriora festinan[39a^r]cius proficere pararent, subito terre hyatu[300] interceptos[301] *flamma* ab imis *erumpens*[xvii] inuoluebat[302] et accurrentibus tortoribus cum tridentibus et aliis trahendi generibus ad acriora receptos renouabant[303]. Nichilominus inde post aliquantum emergentes[304], licet exusti, licet precordialiter discerpti, licet frigore glaciali contracti, de grauissimis ad tolerabiliora proficiebant[305] et alii quidem rapido[306] cursu, alii plano gressu, alii lento passu[307] incedebant, prout eorum uel propria[308] precesserant[309] merita uel comitabantur suffragia amicorum.

\<CAPVT XVI\>

istorum alii ad ignem torquebantur, alii in sartagine frigebantur; istos ungues igniti[310] usque ad ossa radendo sulcabant, illos balnee[311] confecte[312] pice et sulphure et aliis liquaminibus, plumbo eciam et ere[313] atque aliis metallis

---

292 inibi] ibi *sg*
293 inibi positos] p. i. *be*
294 capessende] capessende *a. c.*
    capessande *p. c. wb*, capescendo *be*
295 aliquando capessende] c. a. *sg bs*
296 respirare] respirari *sg bs*
297 proposite] propositi *sg bs*
298 atrocia] atrociora *sg*, antrociora
    a. c. atrociora *p. c. bs*
299 ad anteriora ... dum] *om. be*
300 hyatu] hyato *wb*
301 interceptos] interruptos *be*
302 inuoluebat] *corr. mz*, inuoluebant *wb*
303 renouabant] reuocabant *wb*
304 post aliquantum emergentes]
    e. p. a. *sg bs*
305 proficiebant] proficiscebant *sg*
306 rapido] rapidi *wb*
307 passu] passo *bs*, pla *a. c. be*
308 propria] *om. wb*
309 precesserant] precesserunt *sg bs*
310 igniti] ignoti *sg*
311 balnee] blnee *a. c. mz*, balneo *sg bs*
312 confecte] confecto *sg bs*
313 eciam et ere] et eciam ere *be*

xvii cf. Dan. 3, 48

calore solutis³¹⁴ conflagrabant. Istos uermes monstruosi³¹⁵ rodebant³¹⁶ dentibus uenenatis, illos³¹⁷ sudes³¹⁸ denso ordine cum aculeis flammantibus et furcis substratis³¹⁹ de alto cadentes recipiebant. Erant ibi³²⁰ episcopi, abbates et aliis dignitatibus prius³²¹ insigniti, quidam eciam, qui in clero³²², alii, qui in seculari foro, alii, qui in claustro³²³ magnifice floruerant³²⁴; quos duplici super priuatas personas dolore cruciari uidebam. Nam clericos et laicos, feminas quoque tam laicas quam claustrales eo simplicioribus penis agitari conspexi, quo in uita sua minori fuerant honore conspicui. *In ueritate dico*ˣᵛⁱⁱⁱ, quod singulari quadam pre ceteris acerbitate angustiari³²⁵ conspexi eos, quos iudices uel prelatos uideram in linguis suis. Longitudo quippe locorum penalium, qua³²⁶ transibamus³²⁷, interminabilis erat; sed nos duo per transuersum³²⁸ extremitatum transmeabamus³²⁹, quamuis per medios³³⁰ estus possemus³³¹ indempnes³³² et illesi incedere.

<CAPVT XVII>

Inde ad³³³ alium uenimus locum. Duo³³⁴, ³³⁵ erant montes, nubium altitudinem suis apicibus attingentes, lacum inter se medium³³⁶ [39aᵛ] habentes profundissimum, uisu horridum, fetore ineffabili execrandum. De radicibus montis

---

314 solutis] salutis *wb*
315 monstruosi] monstruose *wb*
316 rodebant] radebant *bs*
317 illos] illos illos *wb*, istos *be*
318 sudes] *om. wb*
319 substratis] subferatis *wb*
320 ibi] ipsi *wb*
321 prius] *om. be*
322 clero] clericatu *sg*, clerico *bs*
323 claustro] claustris *sg*
324 floruerant] floruerunt *sg bs*
325 angustiari] angustari *sg bs*
326 qua] quam *be*
327 transibamus] transiebamus *wb sg bs be*
328 transuersum] transiuimus *wb*, tranuersum *bs*
329 transmeabamus] transiebamus *wb sg bs*
330 medios] medium *a. c. bs*
331 possemus] potuissemus *sg bs be*
332 indempnes] inde omnes *bs*
333 ad] et *bs*
334 Duo] ibi duo *be*
335 Duo] Secundus locus penarum *add. in marg. sg*
336 medium] *om. wb*

xviii Luc. 4, 25

unius flamma surgebat, que usque ad[337] sidera pertingere uidebatur[338], de pede uero montis oppositi tanta rigebat frigoris inmanitas niuis et grandinis procellis intercurrentibus, ut illo algore nichil eatenus penalius me crediderim[339] conspexisse. Tractus medius[340] huius[341] detestabilis stagni tantam frequenciam habebat animarum, quantam uidere solemus in aluearibus apum. Que[342] omnes nunc anime[343] in[344] illo[345] fetido mergebantur, nunc inde emergentes obuiis ignium[346] uoluminibus[347] inplicabantur et fluctuantibus flammarum globis tamquam scintille[348] de fornace proiecte in altum et ad opposite[349] ripe[350] partes inpulse turbinibus uentorum frigoribus niuium et grandinum asperitatibus excipiebantur. Cuius tempestatis molestiam non ualentes ferre, dum eam subterfugere querunt, occurrentis[351] stagni fetoribus iterum[352] absorbentur et seuiciam minacis incendii iterum experiri coguntur. Erant quidam, qui[353] quasi olee in prelo sic in mediis flammis artissime premebantur. Omnes quidem laci illius capacitatem[354] totam pertransire cogebantur; transeuncium tam[355] multa erat in afflictione differencia, prout afflictorum merita[356] exigebant uel suffragia a caris[357] suis accipiebant[358]. In principio quidem ingredientes grauissima paciebantur, sed quanto ad terminum statuti diuinitus supplicii propinquabant, tanto micius se habebant. Huius stagni multo[359]

337 ad] *om. wb be*
338 pertingere uidebatur] attingebat *be*
339 crediderim] crederim *bs*
340 medius] †...† *in marg. be*
341 medius huius] h. m. *sg*
342 Que] Quo *wb*
343 anime] in *a. c. mz*
344 in] *sup. l. mz*
345 nunc anime in illo] a. n. in il. *sg bs,* in amne il. *be*
346 ignium] ignibus *sg*
347 uoluminibus] fulminibus *sg bs*
348 scintille] scintilla *sg*
349 ad opposite] in alterius *be*
350 ripe] p *a. c. wb*
351 occurentis] occurrentes *sg bs*
352 iterum] i. iterum iterum *wb*
353 qui] *sup. l. be*
354 capacitatem] captiuitatem *wb*
355 tam] tamen *be*
356 merita] m. erant et *be*
357 caris] *om. be*
358 accipiebant] excipiebant *sg bs*
359 multo] multa *wb sg*

grauiora sunt[360] supplicia precedentis[361], quam prius uideram, planiciei. Multos notorum[362] meorum hic aspexi et cum eis multa loquendo contuli. Statura eorum[363], quam prius in eis noueram, non ad plenum in eis[364] eadem apparebat; uidebantur enim[365] nimia tormentorum perpessione attenuati, quamuis de granditate solita nichil amisissent. [39b^r] Ceterum cognicioni[366] intuentis in nullo preiudicabat ista mutacio. Ita prompta michi fuit omnium[367] cognicio sicut eo tempore, quo in seculo eos[368] noueram[369].

<CAPVT XVIII>

His[370] considerandis uacabam et ecce delonge strepitus conmocionis magne quasi latrunculorum cachinnancium super[371] predam, quam cepissent[372], et ecce post conmocionem sequebatur nefanda malignorum spirituum caterua cathenatam trahencium animam mox claustris, ut sperabant[373], infernalibus detrudendam. Quos[374] cruciatus[375], que supplicia misere in trahendo irrogabant, quas replicaciones actuum suorum, quas conminaciones[376] inminencium[377] penarum, quam horridos[378] rictus[379] ingerebant, alter alteri eam quasi pilam[380] proicientes[381] et omni eam patrocinio et defensore[382] destitutam esse iactitantes[383]! Ipsius

---

360 sunt] *om. sg bs*
361 precedentis] quam *a. c. sg*
362 notorum] no *a. c. wb*
363 eorum] *om. sg bs*
364 ad plenum in eis] i. e. a. p. *sg bs*
365 enim] *om. wb*, eis *be*
366 cognicioni] cognitionem *be*
367 omnium] omnis *be*
368 in seculo eos] e. i. s. *sg bs*
369 noueram] n. Item *mz*
370 His] De anima quadam in penis *add. be*
371 super] supra *be*
372 super … cepissent] *om. sg bs*
373 claustris ut sperabant] u. s. c. *sg bs*
374 Quos] Quas *be*
375 cruciatus] cruces *be*
376 conminaciones] conmunicaciones *wb*
377 inminencium] eminentium *be*
378 horridos] *om. wb*
379 rictus] actus *be*
380 eam quasi pilam] q. p. e. *be*
381 quasi pilam proicientes] pr. q. pi. *sg bs*
382 defensore] defensione *sg*
383 iactitantes] iactantes *sg bs be*

iecur[384] et cor et[385] abditos[386] uiscerum recessus furencium lanistarum spicula flammigera[387] terebrabant[388]. Nulla spes euadendi miseram[389] releuabat, consciam[390] operum, que eciam grauiora exigerent. Inter cetera grauius eam consciencia[391] cruciabat, quam[392] confessionis lauacro quidem expiauerat, sed non satisfactionis; fuerat enim meretrix *pedes suos*[393] diuaricans *omni transeunti*[xix]. Dum talibus angustiis desperabiliter[394] infelix urgeretur[395], repente *de celo lux*[xx] inconparabilis irruens tam ipsam quam tortores eius *in terram prostrauit*[xxi], et multitudo uirginum cum luce descendit niueis uestibus, auro et[396] margaritis[397] refulgens; inter quas unam speciosissimam, beatam[398] scilicet Margaretam, agnoui. Quam mox ut[399] uidit anima, criminum periculosius[400] quam demonum captiua, miserabiliter exclamauit: ‚Sponsa[401] Christi sanctissima, miserere mei, subueni desperate! Confiteor, quia in omni uita mea mandata Dei contempsi, nullum sanctorum preter te dilexi, ut debui. Te solam de supernorum ciuium numero ex corde semper[402] amaui, omni [39b^v] sabbato coram[403] altari tuo[404] luminaria de meo[405] ministraui. Corrupte uite mee consuetudinem dudum bene sospes et mei plene[406] conpos ob honorem et amorem[407] tui postposui et prorsus deserui, confessionis lauacro tocius uite mee flagicia dilui, sed

---

384 iecur] iecor *a. c. wb,* iecor *sg*
385 et] *om. wb*
386 abditos] abditus *sg bs*
387 flammigera] flamigra *wb*
388 terebrabant] cerebrabant *wb,* tenebrabant *a. c. bs*
389 miseram] miseriam *wb*
390 consciam] conscia *sg bs*
391 eam consciencia] c. e. *sg bs*
392 quam] *in marg. be*
393 suos] soos *a. c. wb,* suas *sg*
394 desperabiliter] desperabilis et *wb*
395 urgeretur] urgetur *mz*
396 auro et] auroque *be*
397 margaritis] *om. be*
398 beatam] beatissimam *be*
399 ut] *om. wb*
400 periculosius] periculiosius *wb*
401 Sponsa] O sponsa *sg bs*
402 semper] *om. be*
403 coram] ante *wb*
404 tuo] *om. be*
405 de meo] *om. be*
406 plene] bene *sg be*
407 amorem] hono *a. c. mz*

xix Ez. 16, 25
xx   Act. 9, 4
xxi II Mach. 10, 4

hanc – proh dolor – nec contricionis feruor[408], nec subsequentis penitencie et[409] satisfactionis[410] digne fructus congruam[411] reddunt ad tot tamque[412] inueteratas sordes diluendas[413]. Peribunt michi, o domina, deuocionis mee[414] munera[415] tibi fideliter[416] inpensa, immo[417] ego sic peribo non modo michi sed et tibi, cui soli non perire inpensius studui, cum michi et[418] omnibus perirem.' Tunc uirgo Margareta ad conuirgines suas: ‚O[419]‘, inquit, ‚sorores dilectissime[420], uidetis periculum huius qualiscumque ueneratricis mee et[421] atrocitatem demonum, qui ius sibi in illam usurpant. Quod igitur[422] solum remedium superest, pio Redemptori preces fundamus, quatenus ipse, *qui omnia potest*[xxii], ob sui clemenciam et nostri graciam huic sue ouicule suo sanguine redempte, quantam uoluerit, releuacionem[423] indulgeat.' Tunc flexis in terram genibus et porrectis in celum manibus inpetrato sine difficultate proposito ab oracione surgunt, et uirgo[424] ceteras[425] precedens[426], facto[427] de manica sua flabello[428], quasi muscas abigeret, tortores horribiles inperiose repellens captiuam suam dimittere conpellit. Extimplo[429] apparuit fossa in loco remociori bullientem habens aquam usque ad summum plena. In hanc illam ream[430] et absolutam pariter[431] repente uidi demersam. ‚Hic‘, ait, ‚penitenciam, quam in seculo agere neglexisti, te pati necesse est, donec plenius expiata per me recipiaris ad gaudia sempiterna[432].‘

408 feruor] *om. sg*
409 et] *om. sg*
410 satisfactionis] satisfactiones *wb*
411 congruam] congruos *sg bs*
412 tamque] tamquam *wb*
413 diluendas] abluendas *be*
414 mee] *om. be*
415 munera] munia *be*
416 fideliter] *om. wb*
417 immo] i. et *sg bs*
418 et] e. in *wb*
419 o] *om. be*
420 dilectissime] dulcissime *be*
421 et] *om. wb*
422 igitur] ergo *wb sg bs be*
423 releuacionem] reuelacionem *wb*
424 uirgo] u. margareta *be*
425 ceteras] ceteris *a. c. wb*, pre *a. c. bs*
426 precedens] procedens *a. c. wb*
427 facto] facta *a. c. sg*, facta *bs*
428 flabello] flabella *wb*, flagello *be*
429 Extimplo] Extemplo *be*
430 ream] eam *wb*
431 et absolutam pariter] p. e. a. *sg bs be*
432 sempiterna] eterna *sg bs*

xxii cf. Iob 42, 2; Sap. 11, 24

Dici uero non potest, quam alacri mente sentenciam illam misera excepit. Quibus peractis sacre uirgines triumpho potito celo recipiuntur.

\<CAPVT XIX\>

Dum in locis penalibus singulorum tormenta uisu perlustro[433], occurrit michi[434] uicinus[435]. Quem cum ceteris attencius intuerer, quesiuit a me ductor meus[436], [40ʳ] an eum cognoscerem. Cui cum me eum[437] optime nosse responderem: ‚Ergo‘, inquit, ‚alloquere eum!‘ Ille uero attendens[438] in nos, ineffabili gestu leticie applaudebat ductori meo pro inpensis ab eo remediis grates inexplicabiles referens. Ego salutaui eum et cognoscens tormenta grauissima, que ipse cito pertransierat[439], quesiui causam, qua tam acerba supplicia[440] tam cito euaserat.

\<CAPVT XX\>

Tunc ille: ‚Vos[441]‘, inquit, ‚dilecte[442] mi, sicut et omnes ceteri, qui sine omnimoda percepcione sacramentorum[443] me[444] de seculo egressum nouistis, me[445] perpetuo dampnatum[446] non inmerito[447] iudicastis.

\<CAPVT XXI\>

ego quidem, sicut non ignoratis, uicio ebrietatis fere continue[448] uitam meam dedicaueram. Plus tamen[449] ex praua consuetudine quam ex deliberacione ei seruiebam; frequenter enim[450] erexi me[451] contra me, firmiter

---

433 perlustro] perlustrarem *be*
434 michi] *corr. mz*
435 michi uicinus] m. quidam u. meus *be*
436 meus] *om. wb*
437 eum] *om. be*
438 attendens] intendens *wb sg*
439 pertransierat] perpertransierat *a. c. wb*, transierat *sg bs*
440 supplicia] tormenta *sg*, tormenta seu supplicia *bs*
441 Vos] nos *be*
442 dilecte] dilecti *bs*
443 percepcione sacramentorum] s. p. *be*
444 me] *del. be*
445 me] *del. be*
446 dampnatum] dampnatu *wb*
447 inmerito] merito *wb*
448 continue] *sup. l. wb*
449 tamen] tam *wb*
450 enim] tamen *be*
451 erexi me] m. e. *wb*

proponens⁴⁵² huius *seruitutis* pessime *iugo*⁴⁵³, ˣˣⁱⁱⁱ subtrahere, sed mox bibendi
suauitate et conbibencium inportunitate, quibus ex equo inique⁴⁵⁴,⁴⁵⁵ conpo-
tare conpellebar deuictus, trahebar denuo captiuus⁴⁵⁶ in regnum⁴⁵⁷ peccati,
quod erat in gula et⁴⁵⁸ in faucibus meis. Nichilominus tamen per graciam Dei
tanta deuocione feruebam in honorem beati Nycolai, cuius comitatu frueris',
– tunc autem primum nomen ductoris mei non sine ammiracione agnoui –,
ut, quantalibet ebrietate sero pressus fuissem, nullatenus omitterem, quin
pulsante⁴⁵⁹ signo frequenter cicior⁴⁶⁰ capellano ad ecclesiam beati Nycolai,
cuius eram parochianus, accurrerem⁴⁶¹. Lampadem eciam de meo artificio
ei nutriebam et, quecumque ad tocius⁴⁶² ecclesie⁴⁶³ cultum erant necessaria,
tamquam peculiaris eius seruulus procurabam et, ubi facultas mea non sup-
petebat, prouocabam conuicarios⁴⁶⁴ meos⁴⁶⁵, ut supplerent. Conferencium
munera fideliter suscipiebam, custodiebam et expendebam⁴⁶⁶. Bis in anno,
ante natale scilicet et ante pascha, quam pure noueram, mea peccata⁴⁶⁷,⁴⁶⁸
sacerdoti confitebar⁴⁶⁹ et iniunctam satisfactionem obseruabam. Dies xl ante
natale⁴⁷⁰ in cibis⁴⁷¹ quadragesimalibus transigebam et sic in [40ᵛ] natali con-
municabam. Sed heu⁴⁷² – proh dolor – post⁴⁷³ multam carnis maceracionem

---

452 proponens] p. me *bs*
453 iugo] iuga *be*
454 inique] iniqua *mz bs*, iniqua
     consuetudine *sg*
455 quibus ex equo inique] iniqua
     q. ex eq. *wb*
456 captiuus] captius *wb*
457 regnum] regno *sg*
458 et] *om. be*
459 pulsante] pulsato *wb*
460 cicior] citius *be*
461 accurrerem] occurrerem *wb*
462 ad tocius] a. t. ad tocius *wb*
463 tocius ecclesie] c. ipsius *be*
464 conuicarios] conuicamos *a. c.*
     wb, conuicinos *sg*
465 meos] *om. sg bs be*
466 expendebam] exponebam *wb*
467 peccata] *om. be*
468 mea peccata] p. ɪɪɪ. *sg bs*
469 sacerdoti confitebar] c. s. confitebam
     wb
470 natale] natalem *bs*
471 cibis] cibus *a. c. bs*
472 heu] *om. be*
473 post] pro *a. c. wb*

xxiii cf. Gal. 5, 1

in diebus natalis et pasche consueueram noxiis et ludicris[474] uanitatibus[475] spectaculorum[476] et iocorum occupari et indisciplinate cibis et potibus ingurgitari. Qua de consuetudine contigit, ut in proximo ante exitum meum die natalis Domini post perceptum corpus dominicum consuete ingluuiei me tradidi[477], sed ad meipsum reuersus, excessum meum[478] penitendo dampnaui, proponens non iterandum. Die sequenti[479] digesta ebrietate et redeunte consueta bibendi auiditate oblitus hesterne[480] penitudinis et propositi[481] in solitam uoraginem[482] potandi[483] sum relapsus. Die autem tercio[484] tanta inportunitate studui calicibus epotandis, quod *alienatus* a *mente*[xxiv] mea in lectum meum, sicut eram uestitus, me proieci et modicum dormiui et expergefactus putans, quod ad matutinas pulsatum fuisset, surgere uolui, sed prohibente uxore et dicente nondum esse[485], sed post modicum[486] fore horam procedendi, rursum[487] dormiui, cum[488] ecce insidiante demone, quem incentorem habueram ad potaciones, et putante[489], quod, si in eo articulo sine sacramentis[490], sine inuocacione Dei et[491] beati patroni mei Nycolai inprouisum[492] me raperet[493], sine contradictione[494] ad inferna me[495] trahere[496] posset, bufonem sensi in os meum introire et per uias gutturis ad cor penetrare. Quo in periculo gracia Dei preuentus, mortem non ignorans michi inminere, uoui me Deo

---

474 ludicris] lubricis *be*
475 uanitatibus] uanitabus *wb*
476 spectaculorum] spectabilem *wb*
477 tradidi] traderem *be*
478 meum] m. promittendo seu *wb*
479 sequenti] sequente *bs*
480 hesterne] hesterna *wb*
481 propositi] propoiti *wb*
482 uoraginem] uogaginem *a. c. wb*
483 potandi] *om. be*
484 tercio] tercia *sg be*
485 esse] e. pulsatum *wb*
486 post modicum] postmodum *a. c. mz,* postmodum *wb be*
487 rursum] rursus *bs*
488 cum] tamen *wb,* et *sg be*
489 putante] patante *a. c. wb*
490 sacramentis] s. et *sg*
491 Dei et] *om. sg*
492 inprouisum] improuisis *bs*
493 me raperet] m. r. me *wb*
494 contradictione] contritione *be*
495 me] *om. wb*
496 trahere] rapere *be*

xxiv cf. II Mach. 5, 17

pure confessurum et ebrietatis consuetudinem in perpetuum abdicaturum, fideiussorem adhibens patronum meum[497] sanctum Nycolaum. Talia me deliberante[498] bufo cor meum unguibus suis constringens animam statim a corpore propulsauit, horrificum[499] uomitum per hiatum[500] oris mei largissime effundens. Nec suffecit uxor mea, quamuis [41ʳ] satis festina, presbiterum tempestiue uocare, quin mortuum me reperiret[501]; propter calorem autem et ruborem, qui pre[502] nimia[503] potacione[504] in corpore meo per biduum apparuit, uicini[505] cadauer meum sperantes de conualescencia seruauerunt duobus diebus. Statim uero ut a[506] corpore egressus sum, a malignis spiritibus circumseptus per loca tenebrosa trahebar, multimoda atrocitate uerberatus, discerptus, confossus et exustus. Trahebar autem ad locum horribilem, cruciatui et morti inmortali in eo eternaliter deputandus. Cum[507] ecce piissimus, quem in extremis inuocaueram et uiuens semper honoraueram[508], Nycolaus adfuit et me de *manibus* eorum[509] potenter *eripiens*ˣˣᵛ in hoc purgacionis loco me[510] constituit certissimum[511], quod per eundem[512] sanctum post peractam[513] purgacionem ad gaudia perueniam sempiterna. Quamuis autem acerba sint, que pacior, ea tamen paruipendo de manibus ereptus[514] demonum nec eorum seuicie me[515] timens ulterius subigendum. Sed et[516] in hac mea calamitate[517]

---

497 patronum meum] *om. wb*
498 deliberante] cogitante *sg bs*
499 horrificum] hornorificum *a. c. wb*
500 hiatum] os *a. c. bs*
501 reperiret] reperires *a. c. wb*
502 pre] per *be*
503 nimia] nimiam *be*
504 potacione] potationem *be*
505 uicini] u. mei *be*
506 a] e *be*
507 Cum] Tum *wb,* Tunc *sg,* Et *be*
508 honoraueram] honoueram *wb,* honorificaueram *be*
509 et me de manibus eorum] eo. d. ma. et me *be*
510 me] *om. sg bs*
511 certissimum] certissimus *sg*
512 eundem] eundum *wb*
513 peractam] p. penitenciam et *sg*
514 de manibus ereptus] e. d. m. *sg bs*
515 me] m. me *a. c. bs*
516 et] *om. sg bs be*
517 calamitate] miseria *a. c.* calamitalen *a. c. wb*

xxv cf. Ps. 17, 1 et 18

frequenter ipsius uisitacione[518] pocior. Quia autem aurifex fui et in arte mea fraudulenter me habui, in[519] aceruos denariorum sepe precipitor ardencium, modo eos[520] numerare[521] conpellor, modo[522] ore hiante glutire cogor, qui[523] tota uiscera mea cremant. In uindictam autem ebrietatis siti acerrima estuo; faucibus, gutture et totis uisceribus arefio iugiter.'

<CAPVT XXII>

Ab[524] hoc ipso[525] audiui, sicut et uisu ibi[526] probaui, de his, qui morte subita rapiebantur, quod, si mortis articulus eos inueniebat taliter cogitantes[527]: ,Ecce modo expleo, quod diu optaueram, modo fruor desideriis[528] meis' eternaliter dampnabantur[529]. Si autem exemplo illius[530] artificis in ipso exitu emenda- cionem promittebant, mors ipsa pro parte satisfactionis[531] eis reputabatur, residuo pene in purgatoriis[532] plenius secuturo. Querenti uero michi, quo remedio specialiter[533] utendum esset ad promerendam euasionem uel saltem mitigacionem illarum acerbitatum, respondit: ,Si quis consuetudinem cotidia- nam fecerit[534] crucem fronti et cordi inprimere, hec duo nomina preferendo Ihesus Nazarenus, traditus eciam post mortem [41ᵛ] locis penalibus inter ipsas penas eandem scripturam locis memoratis saluam et cum splendore incredibili[535] retinebit[536].'

---

518 uisitacione] miseratione *be*
519 in] et *wb*
520 eos] *om. wb,* eas *sg*
521 numerare] inmorare *wb*
522 modo] more *be*
523 qui] que *be*
524 Ab] Ad *wb*
525 hoc ipso] i. h. *be*
526 ibi] *in marg. wb, om. be*
527 cogitantes] cogitaciones *wb*
528 desideriis] dedesideriis *a. c. wb*
529 dampnabantur] dapnabantur *wb*
530 illius] huius *sg bs be*
531 parte satisfactionis] s. p. *sg bs*
532 purgatoriis] p. locis *be*
533 specialiter] *om. sg bs*
534 cotidianam fecerit] f. c. *be*
535 incredibili] incredibile *wb*
536 retinebit] obtinebit *be*

<CAPVT XXIV>

Post[537] *uallem lacrimarum*[xxvi], quam secundo adiuimus loco[538], ad[539] campum maximum uenimus in profundo positum. Ibi fumus sulphureus cum nebula fetoris horribilis, flamma eciam[540] picea, nigredine permixta[541]. Planicies loci tota *uermibus* substrata[542] *scaturiebat*[xxvii], et hii[543] super omnem estimacionem deformes, monstruosi[544] et horridi, terribili oris[545] rictu ignem naribus[546] spargentes, qui turmas miserabili et inexplebili uoracitate lacerabant. Quos demones ubique discursantes[547] per membra singula ignitis *iaculis confodiebant*[548,xxviii], nunc totam carnem funditus usque ad ossa rodebant[549]. Parum est quicquid de penis illis exprimere uerbo[550] conamur[551], respectu rei ipsius. *Deus scit*[xxix], quod in breuissimi[552] temporis spacio centum uel eo[553] amplius penarum diuersitatibus eos penitus annullatos et mox restitutos iterumque *in nichilum* pene *redactos*[554,xxx] et denuo reintegratos intuebar, et[555] harum uicissitudinum nulla erat intermissio. Ignis illius tam acerba tamque[556] uiolenta erat uoracitas, ut quasi tepidum uideatur, quodcumque apud nos[557]

---

537 Post] Tercius locus penarum *add. in marg. sg,* Item de alio loco penarum *add. be*
538 adiuimus loco] audiuimus locum *wb*
539 ad] in *sg*
540 eciam] cum *be*
541 permixta] permitta *wb*
542 substrata] prostrata *sg bs*
543 hii] *om. sg bs*
544 monstruosi] mostruosi *wb*
545 terribili oris] terribiliores *wb,* terribilis o. *be*
546 ignem naribus] n. i. *be*
547 discursantes] discurrentes *sg be*
548 confodiebant] c. et *be*
549 rodebant] radebant *bs*
550 uerbo] uerbis *sg*
551 conamur] c. uel eo amplius *wb*
552 breuissimi] breuissimo *sg be*
553 eo] spacio *a. c. bs*
554 redactos] reredactos *wb*
555 et] e. et *wb*
556 tamque] tamquam *bs*
557 quodcumque apud nos] a. n. q. *sg bs*

xxvi cf. Ps. 83, 7
xxvii cf. II Mach. 9, 9
xxviii cf. Ex. 19, 13
xxix cf. II Cor. 11, 31; II Cor. 12, 2
xxx Iob 16, 8; Iob 17, 7

incendium[558], licet uehementissimum[559], toleratur[560]. Vermes dirupti et mortui ac per frustra[561] conminuti sub infelicibus[562] in congeriem glomerabantur, quorum tam execrabilis erat fetor[563], ut eorum sensus omnem alium uinceret cruciatum.

\<CAPVT XXV\>

sodomitas in utroque sexu monstra quedam ingencia, igneam rubiginem preferencia, uisu super omnia, que cogitari possunt, horrenda terribiliter inpetebant et miseros quasi renitentes[564] et refugientes sibi abusionis genere dampnabili misceri[565] cogebant. Qui inter nefandos amplexus[566] pre nimio ardore adherencium sibi uelud exanimati palpitabant, rugiebant et ululabant et in mortem deficientes collabebantur[567], nouis mox cru[42ʳ]ciatibus excipiendi. Denique inter lamentabiles querelarum eiulatus hec uox resonabat: ,Ve, ue, quare peccaui? Quare concupiscencias meas sum secutus? Quare[568] post peccatum expressius in confessione conmissum[569] non aperui? Cur dignis fletibus et *penitencie fructibus*[570], [xxxi] non expiaui? Cur leue remedium penitencie[571] et contricionis ad precauendas et euitandas has angustias non adhibui?' Hec[572] tanto clamore ubique ferebantur, ut in toto mundo hec[573] audiri putares[574].

---

558 incendium] incensium *bs*

559 uehementissimum] uehementissimus *a. c. bs*

560 toleratur] tolleretur *sg*

561 frustra] frusta *wb sg be*

562 infelicibus] i. et *be*

563 fetor] *in marg. wb*

564 renitentes] remittentes *wb*

565 misceri] conmisceri *bs*, miscere *be*

566 amplexus] amplexos *wb*

567 collabebantur] tollebantur *sg*, tolerabantur *a. c.* tollebantur *p. c. bs*, collababantur *be*

568 quare] q. saltem *be*

569 post peccatum expressius in confessione conmissum] pe. conm. po. i. conf. e. *sg*

570 fructibus] e *a. c. wb*

571 remedium penitencie] p. r. *sg bs*

572 Hec] Hoc *wb*

573 hec] hoc *wb om. be*

574 putares] po *a. c. wb*

xxxi cf. Matth. 3, 8

<CAPVT XXVI>

Inter ceterorum multitudinem uidi unum, quem[575] optime[576] noueram. Hic legum et[577] decretorum[578] peritissimus[579] et de huiusmodi scolarum[580] eciam rector hoc[581] obsequio fauorem magnatum[582] et prebendarum habundanciam sibi conparauerat et res pauperum in usus pauperum refundere negligebat. Hic per menses circiter nouem egritudine laborans uocato ad se presbitero leuia peccata aperuit, horribilia, que contra naturam patrauerat[583], reticens, ne *in contemptum ueniret*[xxxii], quia se conualiturum sperabat. Interroganti[584] presbitero, an aliorum sibi[585] conscius esset, respondit[586]: ‚Nunc uos abire uolo, ut mea interim de ceteris inquisita consciencia, cum uos uocauero, ueniatis.‘ Vix presbiter ad capellam, que domui egrotantis erat contigua, peruenerat, cum[587] eo mori incipiente[588] presbiter a ministris reaccersitus eum iam mortuum inuenit. Ab isto in penis, quas explicare non sufficio, constituto audiui, quod inter tormenta nichil eum adeo angebat[589], quantum gesticulacio sordis Sodomitice, quam cum demonibus more igniti[590] ferri ardentibus[591] coeundo representare in[592] conspectu omnium cogebatur; que confusio tanto[593] ei erat[594] amarior, quanto magis in seculo gloriosus[595]. Hoc eciam ei accedebat ad cumulum doloris[596], quod nec eciam in die iudicii se ueniam

---

575 quem] *om. wb*
576 optime] *om. wb*
577 et] uel *be*
578 decretorem] doctorem *wb*
579 peritissimus] peritissimum *wb*
580 scolarum] scolarem *wb*
581 hoc] hic *sg*
582 magnatum] magnarum *bs*
583 patrauerat] perpetrauerat *sg*, praat *a. c. bs*
584 Interroganti] interrogante *sg*
585 sibi] an aliorum sibi *a. c. wb*
586 respondit] ait *sg bs*
587 cum] et *be*
588 incipiente] incipienti *wb sg bs*
589 angebat] augebat *wb*
590 igniti] igni *bs*
591 ardentibus] ardentis *sg*
592 in] o *a. c. wb*
593 tanto] tanta *wb*, tanta *a. c. be*
594 ei erat] er. ei *be*
595 magis in seculo gloriosus] i. s. m. fuerat g. *sg*, i. s. m. g. *bs*
596 doloris] dolorum *be*

xxxii II Mach. 3, 18

consecuturum certum⁵⁹⁷ gerebat, nam contra⁵⁹⁸ consuetudinem purgandorum assidue de grauibus in grauiora supplicia⁵⁹⁹ recidebat. Predictus aurifex, quia nolens [42ᵛ] trahente⁶⁰⁰ praua consuetudine⁶⁰¹ uicio suo succumbebat et preterea⁶⁰² peccatorem se⁶⁰³ agnoscens et⁶⁰⁴ aperte confitens sanctorum patrocinia⁶⁰⁵ querebat et⁶⁰⁶ indigentibus subueniens gloriam⁶⁰⁷ in populo non habebat, secundum illud *exiguo conceditur misericordia*ˣˣˣⁱⁱⁱ facile et cito est *misericordiam*⁶⁰⁸ *consecutus*ˣˣˣⁱᵛ. Hic autem ex affectu delinquens, nec peccata⁶⁰⁹ confitens, sanctos negligens et pauperes despiciens, quanto in populo gloriosior, tanto in tormentis despectior, spem eciam amittere meruit uenie consequende. Huius ego linguam uidi⁶¹⁰ extra os enormiter prominentem *quasi faculam ardere*ˣˣˣᵛ, quia per que peccat⁶¹¹ quis, per hec et punitur⁶¹²,⁶¹³.

\<CAPVT XXVII\>

rectorem⁶¹⁴ religiose congregacionis⁶¹⁵ et officium primatus⁶¹⁶ gerentem, quem primum noueram, ibi repperi. Cuius penarum acerbitatem, cum ab eo quererem, quibus⁶¹⁷ meritis incurrisset, respondit: ‚Ego cum ab⁶¹⁸ infancia sacrum

---

597 certum] circum *be*
598 contra] *om. wb*
599 supplicia] *om. be*
600 trahente] *om. sg bs*
601 purgandorum ... consuetudine]
     om. wb
602 preterea] propterea *wb*
603 peccatorem se] s. p. *be*
604 et] ac *wb*
605 patrocinia] patrocinium *be*
606 et] *om. wb*
607 gloriam] g. hic *sg*
608 est misericordiam] m. e. *sg bs*
609 peccata] peccatum *be*
610 linguam uidi] u. l. *sg bs*
611 peccat] peccatum perpetrat *be*
612 punitur] p. Item *mz*, p. et cetera *bs*
613 quia per que peccat quis, per hec et
     punitur] per que quis pec. e. per hoc
     pun. *wb*
614 Rectorem] De quodam rectore et
     primate *add. be*
615 religiose congregacionis] c. r. *be*
616 primatus] primatum *wb*
617 quibus] q. de *wb*
618 ab] *sub l. wb*

xxxiii Sap. 6, 7
xxxiv cf. Prov. 28, 13 et saep.
xxxv Eccli. 48, 1

ordinem[619] gestauerim, delicta mea per crebras confessiones[620], disciplinas, psalmodias et oraciones frequentes adeo extenuaui, ut modo hic[621] portabilia uiderentur. Que autem circa alios deliqui, grauius me premunt[622] et, nisi[623] Deus misertus fuerit, sicut modum, sic et terminum, supplicia eorum timeo, ne excedant. Hec autem sunt[624] amor parentum et carnalium amicorum[625], quibus, cum indigni essent, beneficia acquisiui et ipsius ecclesie, quam regebam, bona contuli; qui modo in hac mea[626] me negligunt necessitate[627]. Amor quoque excellencie et[628] fauoris humani michi nunc grauiter et principaliter inputantur, cupido eciam honoris retinendi auida et amittendi timida subditorum uoluntatibus[629] tanta seruitute me famulari[630] cogebat, ut eorum nefandis obscenitatibus, que meis et populorum nude oculis[631] apparebant, nichil contradictionis auderem opponere[632], ne eos mee prelacionis insidiatores sustinerem. Ex qua mea dampnabili negligencia contigit[633], ut multi[634] uias corrupcionis, quam de facili non deponent[635], intrauerint[636], alii in fetore suo uitam[637] finierunt, alii de malo in peius proficiunt. Hinc [43ʳ] est, quod[638], quociens aliqui eorum trahente consuetudine, quam in eis[639] corrigere neglexi[640], aliquid conmittunt dampnabile, demones, quorum instinctu peccauerint[641, 642],

---

619 ordinem] habitum *be*
620 confessiones] c. extenuaui *wb*
621 hic] hec *wb*
622 premunt] puniunt *be*
623 nisi] n. nisi *a. c. be*
624 sunt] *om. wb*
625 amicorum] parentum *a. c. bs*
626 mea] uita *wb*
627 in hac mea me negligunt necessitate] me i. h. nec. mea neg. *sg,* i. h. mea nec. me neg. *bs*
628 excellencie et] excellentia *a. c.* et excellentia *p. c. be*
629 uoluntatibus] uolupntatibus *a. c. wb*
630 me famulari] famulari me *a. c. wb*
631 nude oculis] o. n. *sg be*
632 opponere] apponere *sg bs*
633 contigit] contulit *a. c. bs*
634 multi] u *a. c. wb*
635 deponent] deserponet *a. c.* deponet *p. c. wb*
636 intrauerint] intrauerunt *sg*
637 uitam] *om. bs*
638 quod] *om. sg bs*
639 eis] eos *bs*
640 corrigere neglexi] n. c. *sg bs*
641 peccauerint] peccauerunt *sg bs*
642 demones, quorum instinctu peccauerint] q. i. (demones *del.*) peccauerunt d. *be*

in me irruunt, michi per singula replicant, michi inputant et pro[643] singulis[644] penas[645] a me exigunt. Scias ergo, quod[646] eorum[647] numero persona illa[648] in illo loco tali die peccatum tale[649] conmisit, et illa tale, et illa tale[650], que, quia omnia in me[651] redundant, primum[652] diem mortis mee leuiorem in penis[653] sensi, nam ingrauescentibus cotidie subditorum criminibus, que per meam ne-gligenciam inter eos inoleuerunt[654], mea quoque supplicia aggrauantur. Quia autem labem Sodomiticam, quam in eis persequi dissimulaui[655], per eos non ignoro actitari et ignem sulphureum huic flagicio debitum pre oculis iuxta me uideo, quamuis[656] nondum senciam, nichil ita timeo quam, ne propter eos in illum proiciar, sicut pro[657] ceteris criminibus subiectorum[658], sic et[659] pro isto penas[660] luiturus[661]; nullum[662] enim genus pene uideo terribilius in his locis. Est autem unum, quod me singulariter premit, quia cum quidam serui Dei zelo ordinis et honestatis ad corrigenda[663] flagicia[664], que de fratribus nostris in publico[665] disseminata erant, accessissent, ego *deprauatus* quorundam *sugges-tionibus*[xxxvi], quorum linguas timebam, seruorum Dei operam correctoriam, quantum potui, inpediui[666], uiciosos fouens et uiciorum correctoribus re-sistens et tam palam[667] quam manifeste detrahens non tam, quia uicia michi[668]

---

643 pro] per *bs*
644 singulis] singulas *bs*
645 penas] *corr. sg*
646 quod] q. de *sup. l. a. m. be*
647 eorum] de illorum *sg*
648 illa] *om. sg*
649 tale] †...†le *in marg. be*
650 et illa tale] *om. wb be*
651 omnia in me] i. m. o. *be*
652 primum] ipsum *sg bs*
653 in penis] *om. be*
654 inoleuerunt] inoluerunt *sg,* oluerunt *be*
655 dissimulaui] dissimulabam *be*
656 quamuis] q. eum *be*
657 pro] per *a. c. bs*
658 subiectorum] subditorum *sg bs*
659 et] *om. wb be*
660 penas] p. sim *sg*
661 luiturus] luiturum *wb*
662 nullum] nullus *a. c. sg*
663 corrigenda] corrigendum *wb*
664 flagicia] uicia *sg bs*
665 publico] publicum *be*
666 inpediui] inpeddiui *a. c. wb*
667 palam] occulte *sg be*
668 uicia michi] m. u. *sg bs*

xxxvi cf. Esth. 16, 7

placerent, quam, ne eos offenderem, quos timebam. Hinc est, quod, quamuis non dubitem multa in collegio nostro emendata fuisse, illa tamen emendacio michi non proficit, quia eam, dum uiuerem[669], inpediui. Rogo autem, ut illis quatuor – et nominauit eos – ex parte mea dicas, quod, si[670] a cursu[671] solite abusionis non destiterint[672] et usque ad[673] finem sic perstiterint[674], quamuis in fine multum peniteant, de *magna Dei misericordia*[675, xxxvii] erit, si totum tempus usque ad diem iudicii in penis pro satisfactione sufficiat[676]. Ve michi, quia talium consiliis me conmisi; [43ᵛ] nam et suffragia ecclesiastici[677] officii, quod[678] michi debent, uel ex toto michi subtrahunt, uel nimis negligenter inpendunt. *Pereat dies*[xxxviii], que me ad cathedram sublimauit.'

<CAPVT XXVIII>

Inclusam[679] quandam michi notam, bone prorsus conuersacionis, cuius obitum tunc primum[680] agnoui, non sine[681] admiracione mea[682] obuiam habui, que in[683] uultu[684] quemadmodum[685] constanti et aspectu uenusto transibat. *Via* quidem[686] *laboriosa*[xxxix] eam non[687] mediocriter fatigabat; penis eciam ignium, quibus hinc inde alii inuoluebantur, ipsa frequencius attacta[688] solummodo urebatur. Ipsa uero hec[689] pro modico[690] ducens, iter ad paradisum indesinenter agebat, ocius[691] festinans multumque proficiens. Hanc autem

---

669 eam dum uiuerem] d. u. e. *be*
670 si] *sub l. wb*
671 a cursu] accursu *a. c.* accursu *p. c. wb*
672 destiterint] cessauerint *sg*
673 ad] in *bs*
674 perstiterint] persisterant *wb*
675 Dei misericordia] m. d. *sg*
676 sufficiat] sufficiant *wb*
677 ecclesiastici] ecclesiastica *bs*
678 quod] que *sg be*, quam *bs*
679 Inclusam] De inclusa quadam *add. be*
680 primum] primo *be*
681 sine] s. magna *be*
682 mea] *om. be*
683 in] *del. be*
684 uultu] multa *bs*
685 quemadmodum] quodammodo *be*
686 quidem] quidam *wb*
687 non] *om. mz wb sg bs*
688 attacta] iactata *sg*, attracta *be*
689 hec] hoc *wb sg bs be*
690 hec pro modico] p. m. hoc *wb*
691 ocius] citius *be*

xxxvii cf. Eccli. 17, 28
xxxviii cf. Iob 3, 3
xxxix cf. Eccli. 32, 25

notaui inter electos et reprobos differenciam, quod electi a grauissimis tormentis[692] incipiebant[693] et processu temporis iugiter ad tolerabiliora[694] transibant, nisi uiuentibus post se delinquendi materiam reliquissent[695], que eis deberet merito[696] inputari; que tamen[697] in fine, si digne peniteat[698], penitus potest relaxari. Reprobi uero[699] a grauissimis quidem incipiunt et[700] assidue deteriora incurrunt ita, ut dies sequens sit acerbior[701] precedente.

<CAPVT XXIX>

In penis predictis episcopum, quem prius uideram[702], agnoui, qui flammis pene continuis[703] urebatur maxime propter[704] adolescencie sue excessus. Aliis eciam modis innumeris torquebatur. Inter ipsa[705] incendia uestis eius[706] non solum non fuscabatur, sed amplius mundificabatur. Quod ideo contingere didici docente[707] ductore meo, quia algentibus consueuerat affectu et effectu misericordissimo[708] subuenire, et in eo splendore perstitit, donec ad gaudia se recepit[709].

<CAPVT XXX>

Cuiusdam[710] plebeii[711] uxor, bonis moribus et studiis predita[712], michi uenit in aspectum, que in deuocione et oracione plurimum uacauerat, elemosinis quoque et hospitalitate[713] et[714] supra facultatem usa fuerat et ceteris pietatis

---

692 tormentis] *p. c. be*
693 tormentis incipiebant] i. t. *sg bs*
694 tolerabiliora] tollerabilia *bs*
695 delinquendi materiam reliquissent] m. r. d. *sg bs*
696 deberet merito] m. d. *sg bs*
697 tamen] cum *wb*
698 peniteat] peniteant *be*
699 uero] quidem *be*
700 et] sed *be*
701 sit acerbior] a. s. *sg bs*
702 episcopum quem prius uideram] uidi e. q. p. *sg*
703 pene continuis] c. p. *sg*
704 propter] p. lubricos *be*
705 ipsa] i. uero *sg*
706 eius] e. flammis *be*
707 docente] ducente *wb,* d. me *sg*
708 et effectu misericordissimo] m. et ef. *wb*
709 recepit] r. Item *mz,* r. et cetera *bs*
710 Cuiusdam] De quadam matrona in penis uisa *add. in marg be*
711 plebeii] plebei *wb sg bs be*
712 predita] p. erat *sg*
713 hospitalitate] hospilitate *wb*
714 et] etiam *sg be*

operibus. Ad ultimum longo languore cruciata ab hac uita[715] migrauit. Quam tamen[716] grauiter uexari conspexi, quia uicinorum [44ʳ] conuiciis *conuicia reddere*[xl] inpacienter[717] consueuerat et rancorem contra maledicos[718] suos retinebat. Quod[719] tamen uicium[720] ipsa[721] sepe[722] usque ad lacrimas[723] in se arguebat nec uincere sufficiebat.

<CAPVT XXXI>

Vidi preterea omnes tam pro magnis, uenialibus[724] tamen[725], quam pro leuibus certas et quodammodo singulorum peccatorum proprias[726] penas sustinere. Pro his, que leuia reputamus, grauia ibi conspexi supplicia irrogari ut *pro risu inmoderato et uerbis ociosis, pro cogitacionibus uagis*[xli], cum nimis mentem occupant;[727] in claustralibus autem pro gestu indisciplinato, pro signis inutilibus,

---

715 uita] *om. wb,* luce *sg*
716 tamen] *om. wb,* unde *bs*
717 reddere inpatienter] i. r. *be*
718 maledicos] malidicos *a. c. mz*
719 Quod] Que *wb*
720 uicium] uicia *wb*
721 ipsa] *om. sg bs*
722 sepe] s. uicium *sg*
723 sepe usque ad lacrimas] †...† *in marg. a. l. s. be*
724 uenialibus] u. uenialibus *be*
725 tamen] *om. wb sg bs*
726 proprias] *om. be*
727 Pro ... instabilitate] Bernardus in sermone de Humberto monacho: „Dico uobis, fratres, si sequeremini uestigia eius, non tam facile in uanis cogitacionibus et ociosis sermonibus, in iocis et scurrilitatibus laberemini, quia in hiis multum perditis et de uita uestra et de tempore uestro. Volat irreuocabile tempus, et dum creditis uos cauere penam istam minimam, incurritis ampliorem. Illud enim scitote, quia post hanc uitam in purgabilibus locis centupliciter, que fuerint hic neglecta, reddentur usque ad nouissimum quadrantem." Hec Bernardus. Hiis similia dicit

xl cf. Eccli. 29, 9
xli cf. Gregorius Magnus, *Dialogi,* 4, 41 – ed. A. de Vogüé, 1980, p. 148 (ad *verbis ociosis* cf. etiam Matth. 12, 36)

pro euagacione et instabilitate. Nam et[728] aliquos uidi propter semina herbarum et species aromaticas et[729] electuaria et medicinas, quas preter institucionem et urgenciore[730] necessitate[731] acceperant, prunas ardentes ibi[732] uoluere; pro risu inmoderato uerbera, pro *uerbis ociosis*[xlii] in facie cedes[733], pro cogitacionibus uagis aeris inclemenciam tolerare, pro gestu dissoluciori[734] uinculis asperrimis et aliqui eciam[735] igneis[736] stringebantur, pro signorum[737] ociositate digiti[738] excoriabantur[739] uel grauibus contusionibus[740] cassabantur. Vagi et instabiles ibi de loco in locum dure iactabantur cum graui membrorum collisione. Sermones inpudici et turpes in religiosis pene quasi capitalia crimina plectebantur. Votorum fractio, que ex deliberacione processerat[741], inestimabiliter luebatur[742].

<CAPVT XXXII>

Militem ibi uidi, qui libidinosus extiterat et elatus; hic pro[743] itinere Ierosolimitano[744] crucem acceperat[745] gracia pocius placendi domino suo, cui militabat, quam ex deuocione. Hanc reiecit[746] tandem[747]. In cuius preuaricacionis[748]

Bernardus in oratione scilicet: ‚Simile est regnum celorum decem uirginibus'. *add. in marg. sg* (cf. Bernhardus, *Sermo in obitu Domni Humberti* – ed. J. Leclercq/H. Rochais, 1968, 5, p. 447; cf. Bernhardus, *Sermo* 109 – ed. J. Leclercq/H. Rochais, 1970, 6, p. 383)

728 et] *om. sg bs*
729 et] *om. sg*
730 urgenciore] urgente *wb sg*
731 urgenciore necessitate] urgentem necessitatem *be*
732 ardentes ibi] i. a. *be*
733 cedes] cedens *wb,* tedas *be*
734 dissoluciori] dissolutionis *be*
735 eciam] et *wb*
736 eciam igneis] i. e. *sg*
737 signorum] singulorum *wb*
738 digiti] digitis *be*
739 excoriabantur] excoriebantur *sg bs*
740 contusionibus] concussionibus *wb*
741 processerat] processerant *mz wb be*
742 luebatur] l. et cetera *bs*
743 pro] per *wb*
744 ierosolimitano] solimitano *a. m. be*
745 crucem acceperat] a. c. *sg bs*
746 reiecit] reiciens *wb*
747 reiecit tandem] t. r. *be*
748 preuaricacionis] preuaricacione *a. c. bs*

xlii cf. Matth. 12, 36

penam iter illud omni⁷⁴⁹ nocte agere cogebatur, debilis quidem uiribus, sumptibus⁷⁵⁰ destitutus⁷⁵¹, aeris intemperie⁷⁵² et maris asperitatibus intolerabiliter angustatus⁷⁵³, uix breuissimam dietam agere ualebat. Erumpente mane aduolabant tortores⁷⁵⁴ et ad locum tormentorum eum referebant, ibi tocius diei spacio cruciandum; omni tamen die⁷⁵⁵ micius⁷⁵⁶ quam hesterna secum agi senciebat. [44ᵛ] Adueniente autem nocte omissam peregrinacionem cum premissis⁷⁵⁷ molestiis repetebat. Omnes penitus⁷⁵⁸ crucis reiectores⁷⁵⁹,⁷⁶⁰ assumpte, nisi confessionis beneficio releuentur⁷⁶¹, eternaliter puniuntur⁷⁶²; si autem in fine confitentes penituerint, predicte satisfactionis modum temporaliter experiuntur.

<CAPVT XXXIII>

Miles⁷⁶³ quidam continenciam per triginta annos uxore sua premortua seruauerat⁷⁶⁴, hospitalitatis obsequium⁷⁶⁵ supra⁷⁶⁶ omnes in suo genere conprouinciales sectatus fuerat. Dapsilis omnibus, affabilis et beneficus pro posse suo uiuebat⁷⁶⁷. Hic⁷⁶⁸ quando eum⁷⁶⁹ uidi, iam per x annos predicta⁷⁷⁰ loca penarum transierat. Mirabar ego⁷⁷¹, quod tante honestatis homo⁷⁷² necdum ad plenam requiem peruenerat. Sed respondit ipse michi non esse mirandum, quia in tanto uite spacio non poterat multa non conmisisse illicita, presertim

---

749 omni] omne *bs*
750 sumptibus] sumptis *a. c. be*
751 destitutus] destitus *a. c. wb*
752 intemperie] intemperiem *mz wb sg bs*
753 angustatus] angustiatus *wb be*
754 tortores] t. eius *be*
755 die] *om. wb*
756 micius] minus *be*
757 premissis] predictis *sg bs*
758 penitus] pene *sg bs*
759 reiectores] eiectores *wb*
760 crucis reiectores] c. r. a. c. r. c. p. c. *he*
761 releuentur] tuerentur *wb*
762 puniuntur] premuntur *be*
763 Miles] Item de quodam milite *add. be*
764 seruauerat] s. et *be*
765 obsequium] officium *a. c. be*
766 supra] super *sg bs bc*
767 uiuebat] uixerat *be*
768 Hic] Hunc *be*
769 eum] *sup. l. mz, om. be*
770 predicta] premissa *be*
771 ego] ergo *be*
772 homo] *om. wb*

in iuuentute, quando delicacius[773] nutritus necesse haberet[774] sodalium las-
ciuiis morigerari. Portabat autem nunc in pugno alietum rufum, qui manum
eius unguibus et rostro acerrime lacerabat eo, quod in seculo per totam fere
uitam suam huiusmodi aucupio et uenacioni operam dederat, nec inde peni-
tuerat, non putans[775] esse peccatum.

<CAPVT XXXV>

In[776] secundo loco tres michi notos episcopos uidi igneis cathenis arci-
us constrictos inter globos ignium et procellas grandinum ac niuium,
uentorum eciam[777] turbines, et inter fetores[778] stagni miserabili[779] ordine
uolutari; unus eorum inter seculares iudices loco placitatoris sepe sederat
et multos[780] causam iustam habentes per suam facundiam oppresserat.
Ideo[781] nunc hiante ore iugiter[782] linguam flammis ultricibus ardere sibi
conquerebatur et uicissim nunc ignibus cremabatur[783], nunc gelu con-
stringebatur, nunc stagni fetoribus inuoluebatur, lingua nichilominus
continue estuante. Secundus continencie[784] cingulo laxius soluto, quod
nefas est in episcopo, fuerat[785] ideoque crebra[786] eiusdem stagni demer-
sione uolutabatur. Multum ei presta[45ʳ]bat refrigerium, quod ante finem
suum corde[787] contrito et deuoto habitum religionis susceperat. Quod et
omnibus idem facientibus[788], licet in extremis fiat[789], plurimum conferre
probaui, quia specialius[790] oracionibus suscepti ordinis adiuuantur et
in[791] eorum numero suscitandi inter *pauperes, quibus regnum celorum*

---

773 delicacius] delicate *sg bs*
774 haberet] habebat *be*
775 putans] *in marg. mz*
776 In] De tribus Episcopis *add. be*
777 eciam] et uentorum *sg*, et *bs*
778 fetores] *corr. sg*
779 miserabili] misero *be*
780 multos] multas *bs*
781 Ideo] Igitur *sg bs*
782 ore iugiter] i. o. *be*
783 cremabatur] cremebatur *mz*, concremabatur *sg*, concremebatur *bs*
784 continencie] incontinencie *sg bs*, *om. be*
785 fuerat] *om. sg bs*
786 crebra] crebro *be*
787 corde] c. (sue *del.*) *mz*, c. sui *wb*
788 idem facientibus] f. i. *sg*
789 fiat] fiant *wb*
790 specialius] specialibus *wb sg bs*
791 in] *sup. l. mz*

*promittitur*ˣˡⁱⁱⁱ, censebuntur. Tercius inani⁷⁹² glorie⁷⁹³ multum studuerat; in cuius ulcionem altissimis flammarum globis in sublime actus, rursus⁷⁹⁴ ad ima ruebat et, quia per hoc uicium a diuino feruore in mundane delectacionis⁷⁹⁵ languorem friguerat⁷⁹⁶, ruens frigoribus predictis excipiebatur. His tribus conmunis suppliciorum causa fuit animarum incuria⁷⁹⁷, cura diuiciarum, neglectio pauperum, adulacio principum, sollicitudo inmoderata propinquorum, *que sua*⁷⁹⁸ *sunt*⁷⁹⁹, quesisse, que uero Ihesu Christi⁸⁰⁰,ˣˡⁱᵛ neglexisse, neglectus⁸⁰¹ officii, honoris delectacio, dissimulacio oneris. Plangebant⁸⁰² potestate suscepta se⁸⁰³ abusos in sui perniciem et subiectorum⁸⁰⁴ perdicionem. Sed et isti, sicut de predicto rectore iam⁸⁰⁵ diximus, sibi perire lugebant, quicquid in missis, elemosinis⁸⁰⁶, psalmis et ieiuniis pro sua absolucione inpendebatur, quia noua crimina subiectorum, quos in uicio fouerant uel saltem pro officii debito non corripuerant, cum cotidie in actum prorumperent, non solum memorata suffragia euacuabant sed et⁸⁰⁷ cotidie eorum penas exaggerabant⁸⁰⁸ et – quod grauius omnibus ducebant – de indulgencia quandoque⁸⁰⁹ consequenda nullam certitudinem gerebant⁸¹⁰.

---

792 inani] inanui *wb*
793 glorie] gloria *a. c. be*
794 rursus] *om. be*
795 delectacionis] delectacionibus *wb*
796 languorem friguerat] friguerat languorem *a. c. wb*
797 incuria] incuriam *bs*
798 sua] *in marg. wb*
799 sunt] *om. sg bs*
800 Ihesu christi] c. I. *wb*
801 neglectus] neglectio *be*
802 Plangebant] plagebant *wb*
803 potestate suscepta se] se p. su. *sg bs*
804 subiectorum] subditorum *sg*
805 iam] *om. sg bs*
806 elemosinis] e. elemosinis *wb*
807 et] *om. be*
808 exaggerabant] exaggregabant *wb bs,* aggrauabant *sg*
809 quandoque] *om. sg bs*
810 gerebant] ge *a. c. wb*

xliii Luc. 6, 20
xliv I Cor. 13, 5

\<CAPVT XXXVI\>

Vidi[811] et alium, qui de humilitate[812] cenobiali, in qua deuotus, in sui afflictione rigidus, in meditacione uigil et in ceteris obseruanciis uixerat studiosus, ad primatus[813] officium sublimatus, cum magna premineret sciencia, subiectorum[814, 815] saluti minus inuigilauit. Nam quia regio specialiter fauore[816] promotus fuerat, regie uoluntati nimis extitit inclinatus. Ad honores[817] eciam multos e[45^v]rexit indignos et aduersus[818] eos, qui eius promocioni restiterant[819], deinceps minus[820] serenus[821] fuisse dinoscitur[822] et[823] quia sciencie *lucernam*, quam in eo singulariter superna largitas accenderat, *sub modio*[xlv] segniter *occultarat*[824]. Hinc[825] spem omnimodam[826] uenie[827, 828] sui[829] excessus ademisset[830], nisi uite sue in cenobio quondam[831] laudabiliter acte meritis adiutus uiuendi terminum in bono proposito[832] et in labore[833] Christo acceptabilibus[834]

---

811 Vidi] De quodam in primatem
    assumpto *add. be*
812 qui de humilitate] d. h. q. *a. c. sg*
813 primatus] primatis *mz*, p. uero *sg*
814 subiectorum] subditorum *sg bs*
815 Tercius ... subiectorum] Tercius ...
    subiectorum (ananui *a. c.* inani *p.*
    c., lugebant *a. c.* ligabant *p. c.*,
    fouerant *a. c.* fouerat *p. c.*) *add. wb*
816 specialiter fauore] f. s. *sg bs*
817 nimis extitit inclinatus. Ad honores]
    a. h. n. i. e. *wb*
818 aduersus] aduersus *a. c.* aduersos
    p. c. bs
819 restiterant] resisterant *wb*, in primis
    r. *a. m. be*
820 minus] nimis *be*
821 serenus] seuerus *be*
822 dinoscitur] cognoscitur *be*
823 et] ac *be*
824 occultarat] occultabat *be*
825 Hinc] Huic *be*
826 omnimodam] omnimoda *wb*
827 uenie] *om. be*
828 omnimodam uenie] u. o. *sg bs*
829 sui] suus *be*
830 ademisset] ademisisset *wb*, adimisset *sg*
831 quondam] quandam *wb*
832 bono proposito] p. b. *be*
833 labore] laboribus *be*
834 acceptabilibus] acceptabilius *sg*

xlv   Matth. 5, 15; Marc. 4, 21

accepisset, nam in peregrinacione Ierosolimitana[835] multas sustinuit angustias, quando illuc[836] mundus pene[837] uniuersus urbe a paganis recenter occupata confluxit. Gloriosissimus eciam martir Thomas, in cuius honorem[838] zenodochium[839] in transmarinis ad multum[840] peregrinorum refrigerium collocauerat, plurimum eum releuauit[841]. Nichilominus tamen eum sub grauissima[842] uidi questione[843] pro memoratis eius excessibus et pro neglecta disciplina subditorum. De publica[844] presbiterorum et clericorum incontinencia pontifices uidi[845] grauiter periclitari, quia tam enorme[846] scelus corrigere dissimulant, quo celestia sacramenta per pollutos ministros temerantur, in quibus tota salus fidelium consistit. De negligencia et rapacitate[847] decanorum, archidiaconorum[848] et aliorum officialium, qui muneribus iusticiam uendunt, reos absoluunt, innocentes opprimunt, calumpnias mouent, insidias machinantur, causas de die in diem protrahunt, presbiteros suis procuracionibus deuorant et depascunt, eas penarum acerbitates conspexi, que nec a me ualerent explicari nec ab auditoribus facile crederentur. In questionibus, que aduersus[849] reos suscitabantur, sepius audiebam, quod, quia sicut[850] scriptum est, *quicquid habent clerici, pauperum est*[xlvi], bona ecclesiarum, que nec in usus seruiencium nec in alimoniam pauperum prouenerant[851], sacrilegio deputabantur[852]

---

835 Ierosolimitana] ierusolimitata *bs*
836 illuc] illic *be*
837 mundus pene] p. m. *sg bs*
838 honorem] h. hospitalem *wb*, honore *sg bs*
839 zenodochium] ced *a. c.* cenedochium *p. c. wb*, zenodochium *a. c.* xenodochium *p. c. be*
840 multum] multorum *wb sg bs*, magnum *be*
841 releuauit] releuabat *sg bs*, reseruauit *be*
842 grauissima] grauissimis *wb sg bs*
843 questione] penis *sg*
844 publica] prohibita *be*
845 pontifices uidi] u. p. *sg bs*
846 enorme] eorme *a. c.* e. enorme *p. c. wb*, innorme *bs*
847 rapacitate] r *a. c. wb*
848 archidiaconorum] archidyacoconorum *wb*
849 aduersus] corr. *be*
850 sicut] om. *wb sg bs*
851 prouenerant] peruenerant *be*
852 deputabantur] deputabatur *bs*

xlvi Decretum *Gratiani, Causa* 16.1.68. – ed. A. Friedberg, 1879, Sp. 784

secundum illud *res pauperum non dare pauperibus* [46ʳ] *sacrilegium*[853] *est*ˣˡᵛⁱⁱ.
Multos sacerdotum[854] in tormentis uidi[855], qui suam incontinenciam pura
confessione in extremis aperuerant[856]. Cumque mirarer eos pauciores esse[857]
quam speraueram, responsum est michi paucos esse, qui de suis criminibus
fideliter peniteant et hos esse[858], quos puniri uidebam[859], respectu eorum, qui
moriendo curam sui negligunt, quos statim *absorbet puteus*ˣˡᵛⁱⁱⁱⁱ infernalis.
Ego autem in tota hac uisione neminem conspexi, qui spem omnimodam
indulgencie[860] amisisset.

<CAPVT XXXVII>

Nullum[861] in scripturis peccati genus[862] describitur, cuius in his[863] locis[864]
expiacio non habeatur[865]. Taceo[866] de *homicidis*[867], *adulteris,* incestuosis,
fornicatoribus, mendacibus, *periuris, rapacibus*ˣˡⁱˣ, auaris[868], ebriosis, con-
messatoribus, proditoribus. Pretereo[869] superbos, inuidos, detrahentes[870]
et odientes proximum, cenodoxie seruientes et ceteros[871] diuersis criminibus irretitos[872], quorum singula uicia singulis et[873] propriis cruciatibus

---

853 sacrilegium] sacrigeum *a. c.* sacrile-
     geum *p. c. wb*
854 sacerdotum] sacerdotes *be*
855 in tormentis uidi] u. i. t. *be*
856 Multos ... aperuerant] de
     sacerdotibus *add. in marg. sg*
857 esse] p *a. c. bs*
858 esse] *om. wb bs*
859 puniri uidebam] u. p. *wb*
860 indulgencie] i. penitus *be*
861 Nullum] De purgatione
     general†...† *add. be*
862 genus] g. tam leue *sg*
863 his] *om. sg bs*
864 locis] l. illis *sg*
865 habeatur] habebatur *wb*
866 Taceo] Tacio *wb*
867 homicidis] homidis *a. c. wb*
868 auaris] auari†...† *be*
869 Pretereo] Preterea *mz wb sg bs*
870 detrahentes] detractores *sg*
871 ceteros] c. aliis *wb sg bs*
872 irretitos] irrititos *bs*
873 singulis et] e. s. *sg*

xlvii cf. Decretum Gratiani, *Causa*
       1.2.6. – ed. A. Friedberg, 1879,
       Sp. 409
xlviii Ps. 68, 16
xlix   cf. Bernhardus, *Ep.* 363, 4 –
       ed. J. Leclercq/H. Rochais,
       1966, p. 314

luuntur[874], cum uiderim[875] ibi bene religiosos pro eo solo[876], quod in manuum decore et digitorum ostentacione gloriari consueuerant, amara nimis perferre supplicia. Viatores repentinis latronum insidiis trucidatos, licet innocenter occisos, ibi tamen acerrime uidi punitos. Reos pro sceleribus suis suspensos[877], qui fideliter peccata sua sacerdoti uel, quod[878] utilissimum est, in auribus populi confessi omnem rancorem[879] animi dimiserant ipsis eciam ministris et actoribus mortis sue, eam *in remissionem* omnium *peccatorum*[l] suorum suscipientes, speciali refrigerio in penis micioribus uidi contrectari. Suspensos[880] autem, qui nec confiteri sacerdoti nec facinus obiectum[881] agnoscere uoluerant, in extremis tamen, dum[882] ad patibulum leuarentur, emendacionem proponebant[883] et confessionem et[884] eciam[885] satisfactionem contriti de conmissis, uidi atrocissime torqueri; [46ᵛ] quibus tamen mortis abiectio plurimum conferebat. Nichilominus[886] igneis loris astricti et flammantibus[887] suspensi patibulis, flagris et tridentibus discerpti facinora sua, que homini confiteri[888] neglexerant, a demonibus iugi inproperio et insultacione audiebant.

<CAPVT XXXVIII>

Veneficos et mulierculas, que fetus uel conceptos[889] in utero abortiuerant[890] uel editos exponunt et abdicant[891], dilacerari cede multimoda uidi et ungularum[892] abrasione et plumbum atque es[893] igne soluta in potum accipere admixtis

874 luuntur] l. et *wb*
875 uiderim] uiderem *wb sg bs*
876 solo] solum *sg*
877 suspensos] suspendio damnatos *be*
878 quod] *om. wb*
879 rancorem] racionem *wb*
880 Suspensos] Suspensus *wb*
881 obiectum] suum *sg bs*
882 dum] cum *sg*
883 proponebant] proposuebant *bs*
884 et] ac *be*
885 eciam] *om. sg be*
886 Nichilominus] N. tamen *be*
887 flammantibus] flammatibus *wb,* flammmmantibus *a. c. bs*
888 confiteri] *corr. mz*
889 conceptos] conceptus *sg be*
890 abortiuerant] abortiuant *be*
891 abdicant] acdi *a. c.* abdi *a. c. wb*
892 ungularum] angularum *a. c. bs*
893 es] e. in *sg bs*

l   Luc. 1, 77; Luc. 3, 3

fetidissimis quibusque sordibus; quod poculum omnia interiora cremando penetrabat et omnia intestina rimando per posteriora egestum et[894] resumi a miseris in potum cogebatur[895]. Sed et monstra quedam repentium[896] ipsas portentuosis[897] brachiis conplectencia[898], unguibus alcius inmersis in costas et ceruices, ab uberibus dependebant, mammas[899] earum[900] ore uipereo[901, 902] et dentibus[903] sugentes et rodentes.

<CAPVT XXXIX>

Feneratores irrequietis clamoribus et eiulatibus non[904] intermissis[905] se inmergi querebantur[906] aceruis[907] igneis[908] nummorum, instar[909] altitudinis moncium, clamantes[910], se in seculo ignem per estum[911] auaricie accendisse, quo nunc torqueri cogebantur, nomina personarum, quas leserant, et lesionis modum et quantitatem et fraudes[912] et mensuras falsas et ulnas et mendacia demonibus in faciem[913] eis[914] iugiter replicantibus. Abbates[915] eciam et ceteros dispensatores religionum, qui sub ostentu ampliande sue administracionis et obediencie gagerias[916] accipiunt ad longa tempora[917], uendunt, ut amplius accipiant; uicinos placitis grauant et dominos[918] eorum inmittunt, ut

---

894 et] *om. be*
895 cogebatur] cogebantur *wb*
896 repentium] reprehencium *sg*, r. repentium *a. c. bs*, repentia ei *be*
897 portentuosis] portentuosas *be*
898 conplectencia] conplectenciam *bs be*
899 mammas] manus *sg*
900 earum] eorum *bs*
901 uipereo] uiperio *wb be*
902 ore uipereo] u. o. *sg*
903 dentibus] dentes *a. c. bs*
904 non] *om. sg*
905 intermissis] in pretermissis *sg*
906 querebantur] querebanter *wb*
907 aceruis] acerus *mz sg*
908 igneis] igneorum *sg*
909 instar] i. multitudinis et *be*
910 clamantes] clamantis *a. c. bs*
911 estum] escam *wb*
912 fraudes] *a. m. be*
913 faciem] facies *be*
914 eis] eorum *be*
915 Abbates] De abbatibus et cetera *add. be*
916 gagerias] grangias *sg bs*
917 obediencie gagerias accipiunt ad longa tempora] o. gracias l. tempore *wb*
918 dominos] dominis *sg*, dominus *bs*

excludant eos a possessionibus suis, quas[919] ipsi concupierunt[920]. Nundinas et fora[921] non segnius quibuslibet negociatoribus[922] frequentantes, interueniente pacto nouicios suscipientes, in extremis laborantibus secularibus assistere[923], ut aliquid emulgant, satagentes et loca sua negligendo per [47ʳ] ciuitates discursantes[924,925]: de singulis, quos dixi, excessibus[926] tanto districtius iudicari conspexi, quanto longius[927] a cupiditate seculari professio[928] et uoti[929] obligacio segregauerat[930] eos.

<CAPVT XL>

Apostatas et a[931] sacra religione refugas, si extra ouile suum morte rapiantur[932], quamuis in extremis sue temeritatis peniteant, grauissima manent supplicia.

<CAPVT XLI>

vidi[933] et[934] principem ibi, quem inter omnes mundi principes[935] potentissimum uideram, tantis calamitatibus non tam pressum quam obrutum et undique coangustatum, ut, quod de Babilone in Apocalipsi legimus, in ipso cerneres adinpletum[936]. ,Quantum', inquit, ,dilatauit se et in deliciis fuit, tantum[937] date illi tormentum et luctum[li].' Toto corpore et membris omnibus torquebatur. Super equum sedebat, qui in sessoris supplicium ore[938] et

---

919 quas] q *a. c. wb*

920 concupierunt] concupierant *sg bs*

921 fora] foros *wb*

922 negociatoribus] n. (frequentantes negociatoribus *del.*) *mz*

923 assistere] *p. c. be*

924 discursantes] discurrentes *be*

925 et loca ... discursantes] *om. sg bs*

926 quos dixi excessibus] e. q. d. *sg bs*

927 longius] logius *wb*

928 professio] *om. be*

929 et uoti] et uoti *a. c.* monastica *p. c. a. m. be*

930 segregauerat] segregauit *be*

931 a] *om. wb*

932 rapiantur] rapiuntur *be*

933 Vidi] De quodam principe *add. be*

934 et] *om. wb sg bs*

935 mundi principes] p. m. *sg bs*

936 adinpletum] inpletum *sg*

937 tantum] t. sunt *wb*

938 ore] *om. wb*

li Apoc. 18, 7

naribus[939] iugiter estuabat flammam[940] piceam[941] cum fumo et fetore Tartareo. Armis omnibus quasi iamiam[942] pugnaturus erat instructus, que omnia igneum scintillabant[943] imbrem, quo totus penetrabatur medullitus. Taceo de galea, scuto, lorica et ocreis[944], quorum omnium[945] ardore et onere quantum[946] premeretur, nullus sufficit estimare; unus[947] de calcaribus, quibus equum in diuersa urgebat precipicia, tanto pondere grauabatur[948], ut tocius mundi, si eum[949] possideret, dominatum daret pro eo sibi tollendo. Sella clauis et uerubus[950] igneis[951] confixa erat[952], quorum aculei[953] *iecur* et precordia penitus *transfigebant*[lii]. Carnifices eius duo[954] precipue ei inproperabant – et inproperando cruciatibus insistebant – primum[955] sanguinis humani inhumanam[956] effusionem et legitimi thori multiplicem transgressionem, tercium[957] quoque, quod grauissimis exactionibus subditos presserat, unde se intolerabiliter torqueri conquerebatur. Obiciebatur ei a tortoribus, quod, cum fere[958] de iure naturali sint eorum, qui eas capiunt, ipse sub interdicto eas[959] posuerat et earum[960] captores in membris trun[47ᵛ]cari uel morte affici fecerat[961] innumerabiles. Hunc autem inter[962] tormenta[963] planctum miserabiliter faciebat[964]: ‚Heu, siccine omnem laborem meum et sollicitudinem perdidi, qua pro ditandis filiis inaniter desudaui. Omnes pridem fautores et alumpni mei, quibus beneficia inmensa

939 naribus] manibus *wb*
940 flammam] flamma *wb*
941 piceam] picea *wb*
942 iamiam] iam *sg bs*
943 scintillabant] stillabant *sg be*
944 ocreis] ocris *bs*
945 omnium] omni *wb*
946 quantum] *om. wb*
947 unus] unum *sg,* unius *be*
948 grauabatur] grauabat *bs*
949 eum] *om. sg bs*
950 uerubus] uermibus *wb*
951 uerubus igneis] i. u. *sg bs*
952 confixa erat] confixerat *bs*
953 aculei] oculei *wb*
954 eius duo] d. e. *sg*
955 primum] et *wb sg bs,* id est *be*
956 inhumanam] inhumanum *be*
957 Tercium] Tercius *be*
958 fere] f. siluestres *wb*
959 sub interdicto eas] e. s. i. *sg bs*
960 earum] arum *a. c. wb*
961 fecerat] fecit *sg bs*
962 inter] in *a. c. bs*
963 tormenta] tormentum *be*
964 faciebat] fecerat *be*

lii cf. Prov. 7, 23

contuleram, michi in his erumpnis constituto nichil remedii conferunt. O *fallax gracia*[liii] amicorum, mendax adulacio blandiencium, uana fiducia alumpnorum, caduca gloria potestatum! *Vbi* nunc *est honor*[liv] michi delatus[965], ubi tremor michi inpensus, ubi aceruus thesaurorum[966], ubi deliciarum exquisicio[967]? Hec *omnia transierunt*[lv], sed meritum eorum remanens[968] debitum, *quod inde contraxi, usque ad nouissimum quadrantem*[lvi] per singula[969] discurrendo soluere[970] me[971] conpellit.' Hic in exitu uite satis tepidam et infirmam contricionem habuerat[972], uerumtamen multe[973] affabilitatis[974], serenitatis et multimode largitatis erga religiosos extiterat, totam salutis sue fiduciam ponens in eis. Nec fefellit eum spes sua, quia eorum suffragiis[975] plurimum[976] iuuabatur[977] et[978] licet post longissima[979] tempora se sperabat aliquando liberandum.

<CAPVT XLII>

Quartus annus est, ex quo pontifex in archiepiscopum[980] electus, antequam hunc honorem acciperet, episcopatum deposuit et post modicum[981] ex[982] hac uita migrauit. In interiori[983] homine fuerat[984] bene[985] religiosus pureque deuotus. Asperrimo cilicio multisque aliis cruciatibus *carnem domabat*[lvii], in facie uero non multum a secularibus[986] distabat, nonnumquam leticiam pretendens exterius pro uitanda inani gloria[987], cum tamen[988] in intimis esset

965 delatus] delata *bs*
966 thesaurorum] thesaurum *wb*
967 exquisicio] acquisicio *sg bs*
968 eorum remanens] *om. be*
969 per singula] pro singulis *sg bs*
970 soluere] soluit *a. c. bs*
971 soluere me] m. s. *sg bs*
972 habuerat] h. peccatorum *be*
973 multe] *om. be*
974 affabilitatis] a. et *sg bs*
975 suffragiis] suffragia *a. c. bs*
976 plurimum] multum *be*
977 iuuabatur] adiutus est *be*
978 et] *om. be*
979 longissima] logissima *wb*
980 archiepiscopum] a. est *sg*
981 post modicum] postmodum *sg bs*
982 ex] ab *be*
983 interiori] interiore *be*
984 fuerat] fuit *be*
985 bene] Vnde *a. c. bs*
986 a secularibus] *om. sg bs*
987 inani gloria] g. i. *sg*
988 tamen] in *a. c. bs*

liii cf. Prov. 31, 30
liv Mal. 1, 6
lv cf. Sap. 5, 9
lvi Matth. 5, 26
lvii cf. Gregorius Magnus, *Homiliae in Euangelia* 27 – ed. R. Étaix, CC SL 141, 1999, p. 233

conpunctus. In eo igitur delinquebat, quod grauitatem uultus et uerborum, quam edificacioni[989] subditorum debebat, nimis se conformando secularibus et fidendo consciencie negligebat. Si quid uel in adolescencia, quam minus[990] disciplinate exegerat, uel in cotidianis[991] occupacionibus episcopatus se deprehenderet deliquisse, seuera in seipso[992] castigacione lacrimarum, gemituum et uerberum[993] expiabat. Verum in episcopali officio per negligenciam sicut et alii, quos [48ʳ] premisimus, multa deliquerat. Post huius[994] transitum multa miracula curacionum[995] per eum Dominus patrauit, ut uite eius austeritatem et mentis puritatem sibi ostenderet placuisse. Ego tamen ipsum in penis[996] inueni, cum, sicut dixi[997], quatuor anni ab eius exitu precessissent; nichilominus manebat ei *merces copiosa in celis*[lviii]. Quod[998] autem Dominus plerumque per eos miracula[999] faciat, qui adhuc in purgatorio laborant, ex dialogo beati Gregorii *racionibus ostenditur et exemplo*[1000, lix].

<CAPVT XLIII>

ante[1001] hoc decennium[1002] abbas quidam[1003] bene religiosus et magne frugalitatis transiit ex hac uita. Hic non paucos solidos, quos[1004] in scriniis[1005] habebat, cuidam monacho uiuens conmiserat, ut post mortem suam eos[1006] pauperibus erogaret. Quod idem monachus plena fide studuit obseruare, a singulis, quibus hec dispensabat, exigens, ut abbatis animam Domino conmendarent. Hic *fidelis dispensator*[lx] ante quatuor annos hos[1007] languore diuturno et acerbo correptus

---

989   edificacioni] ad edificationem *be*
990   minus] nimis *wb*
991   cotidianis] cottianis *wb*
992   seipso] semetipso *wb*
993   uerberum] uerborum *wb*
994   huius] huiusmodi *be*
995   curacionum] curacionibus *bs*
996   ipsum in penis] in p. ip. *sg be*
997   sicut dixi] fere *be*
998   Quod] Quid *be*
999   miracula] *om. be*
1000 exemplo] e. Item aliud *mz,*
        exemplis *wb*
1001 Ante] De abbate quodam *add. be*
1002 decennium] decenniums *wb*
1003 quidam] quidem *a. c. bs*
1004 quos] *om. sg*
1005 scriniis] scrineis *wb*
1006 eos] *om. sg*
1007 hos] *om. be*

lviii   Matth. 5, 12
lix   cf. Gregorius Magnus, *Dialogi,*
        4, 42 – ed. A. de Vogüé, 1980,
        p. 150–154
lx   cf. Luc. 12, 42

uitam[1008] excessit. Vtrumque istorum in penis recognoui[1009]. Verum abbas acrioribus adhuc[1010] suppliciis[1011] torquebatur ea potissimum ex[1012] causa, quod[1013]
propinquis suis de bonis monasterii indulserat habundanter. Hoc uicium largitatis
in propinquos rectoribus ecclesiarum[1014] uidi in penis dampnosius inputari eis
eciam, qui in ceteris extiterant[1015] conmendandi. Ibi prius[1016] didici[1017], quod dispensatores de rebus conmissis ad necessitatem suis usibus debent moderate proui-
dere et, quod residuum est, indigentibus fratribus de sua congregacione salua
regula ministrare; secundo consanguineis[1018] ad inopiam releuandam[1019], non ad
luxum aliquid inpertiri; tercio extraneis mendicantibus manum extendere debent.
Hic abbas inter medias penas ad requiem properans grates largissimas[1020] suo,
quem diximus, dispensatori multa supplicacione et frequenti manuum[1021] proten-
sione[1022] referebat pro fide et diligencia, quam elemosine sue[1023] in distribuendo
adhibuerat. Hic monachus, qui eam [48ᵛ] dispensauerat, uultu[1024] admodum uenusto et ueste nitida, sed paucis adhuc maculis respersa, apparens puniebatur[1025]
quidem, sed multo micius[1026] quam abbas. De hoc monacho a ductore[1027] meo[1028]
didici[1029], quod in monasterio multa cordis puritate et corporis castitate Domino[1030] seruierat, multa mala in domo sua, ne fierent, inpedierat et facta, ne
iterarentur[1031], represserat, multas contrarietates[1032] et probra pro defensione

---

1008 uitam] uita *sg bs*
1009 recognoui] cognoui *be*
1010 acrioribus adhuc] ad. acritoribus
    wb, ad. ac. *sg bs*
1011 suppliciis] penis *sg bs*
1012 ex] *om. be*
1013 quod] q. quod *wb*
1014 ecclesiarum] *om. be*
1015 extiterant] erant *sup. l. a. m. be*
1016 prius] primo *wb sg bs*
1017 Ibi prius didici] *a. m. be*
1018 consanguineis] sanguineis *bs*
1019 releuandam] subleuandam *be*
1020 grates largissimas] l. g. *be*
1021 manuum] *om. bs*
1022 protensione] extensione *be*
1023 elemosine sue] s. e. *a. c. be*
1024 uultu] uultum *wb*
1025 puniebatur] puniebat *sg*
1026 micius] nimus *be*
1027 ductore] doctore *a. c. sg*
1028 meo] *om. be*
1029 De ... didici] zelum habens lege attente sequentia *add. in marg. be*
1030 Domino] domine *a. c. sg*
1031 iterarentur] iterentur *sg*
1032 contrarietates] c. eciam *wb*

honestatis et religionis[1033] sustinuerat, machinantibus[1034] his, qui sue[1035] dissolucionis[1036] reprehensoribus, quantum preualent, ora claudere laborant et, uel uniuersos uel quantos possunt, in eos concitant, *linguas suas*[1037] et[1038] ingenia in eorum molestiam[1039] *acuentes*[lxi], friuolas eis clamaciones et ridiculas[1040] iugiter obicientes, si quo modo ab incepta seueritate ualeant deterrere uel ad suas laxitates[1041] aliquatenus inclinare. Isti si maiorem partem fratrum sibi sociare potuerint[1042], quod fere ubique contingere dolemus, *quia archa religionis sicut et illa quondam Noe ampla est in inferioribus et angusta in superioribus*[lxii], statim zelatores ordinis qui *multitudini resistere*[lxiii] presumunt, de singularitate iudicantur[1043] quasi diuisores unitatis et inanis glorie appetitores et, quia uicia arguunt, domus sue diffamatores et contenciosi et fratrum criminatores pacisque turbatores[1044] habentur. Si quis forte talibus uel blandum sermonem uel serenum aspectum uel aliquod[1045] humanitatis solacium ausus fuerit inpendere, tamquam partem contrariam fouens et uniuersitatis[1046] inimicus[1047] scismaticus accusatur, factus ceteris tamquam[1048] *ethnicus et publicanus*[lxiv] et *extra sinagogam faciunt*[lxv] eum. Additur eciam, quod, quociens unus de dissolutis contra aliquem de[1049] zelum ordinis habentibus uerbum mouerit, si quis[1050] remordente[1051] consciencia tacere et non promouere propositam[1052] calumpniam presumpserit, statim dicitur ei: ,*Et tu de illis es*[lxvi].' *Hec est lucta Esau et Iacob in utero matris*[lxvii] et sicut,

---

1033 defensione honestatis et religionis]
   h. e. r. d. *sg bs*
1034 machinantibus] a *a. c. be*
1035 sue] sua *be*
1036 dissolucionis] discere laborant
   a. c. wb, dissolutione *be*
1037 suas] et *a. c. bs*
1038 et] eciam *mz wb*
1039 molestiam] molestia *wb*
1040 ridiculas] ridiculosas eis *sg*
1041 laxitates] leuitates *wb*
1042 potuerint] potuerunt *sg bs*
1043 iudicantur] iudicant *sg*
1044 turbatores] perturbatores *be*
1045 aliquod] aliquid *a. c. bs*
1046 uniuersitatis] uniuersitates
   a. c. wb
1047 inimicus] i. et *sg be*
1048 tamquam] *om. wb*
1049 de] *om. wb*, d. fratribus *be*
1050 quis] *om. wb*
1051 remordente] remordentem *wb*
1052 propositam] propositum *bs*

lxi   Ps. 139, 4
lxii cf. Gen. 6
lxiii cf. Par. 20, 12
lxiv Matth. 18, 17
lxv Ioh. 9, 22
lxvi Matth. 26, 73
lxvii cf. Gen. 25, 22

qui *secundum carnem natus est*[lxviii], *persequeba*[49ʳ]*tur*[1053] *eum, qui secundum spiritum*[lxix], ita et[1054] nunc; *et feritatem, quam ursi*[1055], *apri*[1056], *tigrides et leones in archa Noe contra homines non arripuerunt*[lxx], hodie carnales contra spirituales in monasteriis usurpant. Vident hoc prelati et malunt cum pace sua paucos contra iusticiam conculcari[1057] quam multitudini[1058] resistendo turpiter a sede deici. Tacentibus autem maioribus, quorum erat respondere, infirmiores et inferiores[1059] malunt se sub silencio[1060] abscondere quam furorem turbe contra se concitare. Cum autem[1061] omnes tacuerint, prauitate sine obice[1062] libere discurrente[1063], si aliquid inordinatum fieri semel[1064] contigerit, secundo in exemplum trahitur, tercio in consuetudinem, quarto in auctoritatem, quinto in defensionem, ultimo in legem adeo, ut factor[1065] religiosus[1066] et reprehensor sacrilegus habeatur. Hinc est, quod[1067], cum[1068] antiquitus manente in[1069] suo rigore monastica[1070] disciplina, eius assidua supplicacione *ira Dei* a clero, a populo, a regibus et principibus soleret[1071] *auerti*[lxxi] ita[1072], ut claustrales *more Moysi Dominum a furore suo retinerent et*[1073] *Aaron sumpto thuribulo oracionis*[1074] *inter uiuentes et mortuos*[1075] *discurrerent*[lxxii]. Hodie subuersa regulari obseruancia ipsi intercessores in hostes Dei conuersi, quia signum promisse[1076] districtionis abiecerunt[1077], quo a

---

1053 persequebatur] persequitur *wb*
1054 et] *sup. l. bs*
1055 ursi] *om. sg bs*
1056 apri] aperi *bs*
1057 conculcari] conclamitari *sg bs*
1058 multitudini] multitudinem *wb*
1059 infirmiores et inferiores] infe. e. infi. *be*
1060 sub silencio] subiciendo *wb*
1061 autem] *om. wb*
1062 obice] obici *wb*
1063 discurrente] discurrento *wb*
1064 semel] *om. wb*
1065 factor] fractor *sg*, fractor *a. c. bs*
1066 religiosus] rereligiosus *sg*
1067 quod] *om. wb*
1068 cum] quantum *wb*
1069 in] *om. wb*
1070 monastica] monasticus *a. c. bs*
1071 soleret] solent *wb*
1072 ita] i. ita *a. c. wb*
1073 et] e. cum *be*
1074 oracionis] oraciones *wb*
1075 et mortuos] *om. wb*
1076 promisse] promisse *a. c.* promissa
    p. c. be
1077 abiecerunt] abiecerint *wb*

lxviii Gal. 4, 23
lxix   Gal. 4, 29
lxx   cf. Gen. 7–8
lxxi   I Esdr. 4, 10 et saep.
lxxii   cf. Num. 17, 6–15

Domino inter monachos et amicos agnoscebantur, si[1078] intrare ad precandum[1079] presumpserint[1080], tamquam sine[1081] signo incogniti et tamquam *filii alieni* Deo *mentiti*[lxxiii] a facie Domini[1082] repelluntur nec pro eis[1083], quorum causam perorant, exaudiuntur, quia, cum is, qui displicet, ad intercedendum mittitur, irati animus ad deteriora prouocatur. Furor igitur Domini, dum non est, qui eum retineat, facit, ut *surgat gens*[1084] *contra gentem et regnum aduersus regnum et fiant*[1085] *pestilencie et fames*[lxxiv]. Quorum omnium monachi causam prestant, dum emollito[1086] ordine suo penitenciam, quam pro[1087] populo agendam susceperunt[1088], agere negligunt et ab eis *iram Dei auertere*[1089, lxxv], quorum elemosinis sustentantur.

<CAPVT XLIV>

Vidi[1090] et[1091] quandam in penis[1092] uenerabilem abbatissam, que anno presenti in spe bona proxime[1093] sal[49ᵛ]uacionis uitam exierat. Hec michi[1094] narrauit, quod eius tormenta hoc[1095] unum ualde grauauerat, quod episcopus quidam clericellum paruulum ad nutriendum ei conmiserat, quem omni solacio destitutum[1096] ipsa quidem[1097] suscepit, sed cicius debito suam ei curam subtraxit[1098] et penitus dimisit; unde puerulus graues erumpnas[1099], non habens nutritorem, coactus est tolerare. In eius uero releuacionem[1100] a penis multum

---

1078 si] s. uero *sg*
1079 precandum] predicandum *sg*
1080 presumpserint] sumpse sumpserint *wb*
1081 sine] †...† *in marg. be*
1082 Domini] Dei *be*
1083 eis] e. pro *bs*
1084 gens] *om. wb*
1085 fiant] fient *wb*
1086 emollito] l *sup. l. a. m. be*
1087 pro] *sup. l. be*
1088 susceperunt] susceperant *bs*
1089 auertere] abducere *sg*, aducere *bs*
1090 Vidi] De quadam Abbatissa *add. a. m. be*
1091 et] *om. be*
1092 quandam in penis] i. p. q. *sg bs*
1093 bona proxime] *om. be*
1094 michi] uita *a. c. bs*
1095 hoc] hec *wb*
1096 destitutum] destituto *sg bs*
1097 quidem] *om. sg bs*
1098 subtraxit] *om. wb*
1099 graues erumpnas] e. g. *be*
1100 releuacionem] releuacione *sg bs be*

lxxiii Ps. 17, 46
lxxiv Luc. 21, 10–11
lxxv I Esdr. 4, 10 et saep.

ei contulerat, quod[1101] eciam ante susceptam abbaciam[1102] quibuslibet[1103] sororibus se conpacientissimam exhibuerat[1104], in uilissimis obsequiis eis[1105] humiliter
seruiendo[1106].

<CAPVT XLV>

Fuerant autem in eodem monasterio due tenere etatis uirgines tanta lepre
contagione infecte[1107], ut[1108] carnibus usque ad ossa in[1109] morbi[1110] corrosis
uisu necnon tactu horribiles omnibus[1111] apparerent. Ipse uero *plagam*[1112]
Domini[lxxvi] non solum pacienter sed et[1113] gratanter accipientes[1114] singulas
pustulas corporis non aliud quam singulas margaritas arbitrabantur. Has[1115],
de qua loquimur[1116], consueuerat in sinum suum suscipere, balneis fouere,
linteolis tergere, mensam apponere, lecto locare, surgentibus obsequi et
uice ancillule[1117] queque abiectissima eis inpendere[1118]; quarum accessum
omnes cetere abhorrebant. Iste in[1119] innocencia sua[1120] post grauissimam
calamitatem liberate a corpore mortis huius, *sequentes agnum, quocumque
ierit*[lxxvii]. Hinc[1121] abbatisse inter agones penarum eius frequenti[1122] uisitacione multum refrigerium prestiterunt. Dicebat autem michi, quod maximum

1101 quod] et *wb*
1102 abbaciam] a. quod *wb*
1103 quibuslibet] quibusdam *bs,*
    q. afflictis *be*
1104 exhibuerat] e. et quod *be*
1105 eis] *om. be*
1106 seruiendo] seruiebat *be*
1107 infecte] i. et in *sg bs,* confecte *be*
1108 ut] u. a *wb,* in *bs*
1109 in] *om. sg*
1110 morbi] morbo *be*
1111 omnibus] *om. sg bs*
1112 plagam] plangam *a. c. be*
1113 et] *om. wb, sup. l. a. m. be*
1114 accipientes] suscipientes *sg*
1115 Has] H. ipsa *wb sg bs*
1116 loquimur] l. abbatissa *be*
1117 ancillule] ancille. *a. c. bs*
1118 eis inpendere] i. e. *sg bs*
1119 in] ad *sg*
1120 innocencia sua] innocenciam
    suam *sg bs*
1121 Hinc] Huic *sg bs be*
1122 frequenti] seru *a. c. wb*

lxxvi cf. II Par. 26, 20
lxxvii Apoc. 14, 4

remedium ei[1123] contulerat deuocio sororum[1124], quibus prefuerat[1125], quam ei[1126] exhibuerant in psalmis, in oracionibus[1127], elemosinis et missis, quas et in proprio monasterio celebrari fecerant[1128] et extraneis quibuslibet supplicauerant[1129], ut in defuncte memoriam[1130] Deo sacrificium inmolarent. Curauit eciam michi iniungere, ut ex nomine suo germanis sororibus suis, quas in eodem monasterio sacras uirgines reliquerat[1131], quedam secreta nunciarem[1132] sub indubitatis intersigniis[1133]. De cetu eiusdem monasterii uidi aliquas monachas penis leuioribus expiari[1134].

<CAPVT XLVI>

Miles quidam in ecclesia, [50[r]] cuius[1135] patronatum[1136] habebat[1137], cuidam clerico xxvii marcis[1138] uendidit personatum. Qui deinde reatum suum agnoscens in emendacionem tanti piaculi crucis signum, quo tempore[1139] Salaadinus totam fere terram promissionis occupauerat[1140], accipiens uitam in castris finiuit. Ab hoc[1141] in penis audiui, quod, nisi de prefata simonia in fine Deo inspirante conpunctus[1142] fuisset, eternaliter perisset. Nichilominus in principio penarum suarum denarios, quos inde acceperat, haurire[1143] iugiter ardentes diu[1144] necesse habuit, sed suscepta peregrinacio multum illi[1145] contulit et pietas uxoris, cui per quendam clericum mandauit de Dei

---

1123 remedium ei] e. r. *sg*
1124 sororum] sororis *a. c.* sororum *p. c. a. m. be*
1125 prefuerat] p. prefuerat *a. c.* p. Ibi nullus est defectus, sed sequitur. Dicebat … prefuerat *add. wb*
1126 ei] *om. wb sg bs*
1127 oracionibus] o. in *be*
1128 fecerant] fecerunt *be*
1129 supplicauerant] supplicauerunt *be*
1130 defuncte memoriam] m. d. *be*
1131 reliquerat] reliquerant *wb*
1132 nunciarem] nunciare *wb sg bs*
1133 intersigniis] intersignis *be*
1134 expiari] e. et cetera *bs*
1135 cuius] cui *a. c. mz,* c. Ius *wb,* c. uis *sg bs*
1136 patronatum] patronatus *sg*
1137 habebat] hebat *bs*
1138 cuidam clerico xxuii marchis] x. m. cu. cl. *be*
1139 quo tempore] t. q. *sg*
1140 promissionis occupauerat] o. p. *wb*
1141 Ab hoc] Adhuc *wb*
1142 conpunctus] c. non *wb*
1143 haurire] haurere *wb*
1144 diu] *om. wb sg bs*
1145 illi] ei *sg bs be*

permissione, ut per quinque presbiteros, quos nominauit, quinque tricenaria sibi[1146] faceret celebrari cum *placebo, dirige et*[1147] *exultabunt*[1148, lxxviii]. Erant autem castissimi sacerdotes illi, et nec clericus nec uxor[1149] nec ipse, dum uiueret, ipsos[1150] agnouerat[1151] uel habitacionem eorum[1152], sed mortuus clericum omnia edocuit. Quod cum uxor deuotissime conplesset[1153], miles ab inmanissimo dolore uorandi denarios ardentes[1154] beneficio sacrificii liberatus est. Adhuc tamen asperitate frigoris angebatur, quia nudis et algentibus *uiscera sua clauserat*[lxxix]; quamuis enim panem esurientibus[1155] satis facile[1156] porrigeret, ex tenacitate tamen eis[1157] denarios[1158] distribuere recusabat. Cumque ab eo quererem, quanto remedio posset omnimodis[1159] liberari: ‚Si‘, inquit, ‚septem tricenaria michi inpenderentur[1160] cum appendiciis[1161] suis, id est[1162] nocturnis, matutinis[1163], laudibus et[1164] uesperis[1165], statim sine medio ad Dei conspectum transferrer[1166, 1167].‘

1146 tricenaria sibi] s. t. et zelo missas *wb*
1147 et] *sup. l. mz*
1148 exultabunt] exultabit *wb*
1149 uxor] uxosr *a. c. wb*
1150 ipsos] *om. sg*
1151 agnouerat] nouerat *be*
1152 eorum] *om. sg bs*
1153 conplesset] implesset *be*
1154 ardentes] *om. be*
1155 esurientibus] esurienti *sg bs*
1156 facile] *om. be*
1157 eis] e. ei *a. c. wb*
1158 denarios] d. eis *sg bs*
1159 omnimodis] omnimode *sg be*
1160 inpenderentur] appenderentur *wb*
1161 appendiciis] appendentis *a. c.* appendentibus *p. c. a. m. be*
1162 id est] *om. bs*
1163 matutinis] *om. bs*
1164 laudibus et] et laudibus *a. c. be*
1165 nocturnis matutinis laudibus et uesperis] u. n. e. l. *sg*
1166 transferrer] t. Item *mz*, t. et cetera *bs*
1167 ad Dei conspectum transferrer] t. a. d. c. *be*

lxxviii cf. Breuiarium monasticum, Officium defunctorum (cf. etiam Ps. 118, 133 et 114, 9)
lxxix I Ioh. 3, 17

\<CAPVT XLVII\>

Iuuenis[1168] quidam monachus et sacrista ante tres[1169] uel[1170] quatuor ymagines beate Marie semper Virginis Deum infantulum in gremio continentis[1171] singulis altaribus appositas multo tempore oleum in lampadibus ex officio suo ministrauerat. Ingruente autem regioni illi[1172] grauissima olei penuria estimans sacrista se[1173] inuenisse occasionem subtrahendi oleum[1174] lampadibus, nec in ascensione[1175] nec[1176] in penthecoste[1177], quando de more lampades accendere debebat, eas ornauit. Nec inpune. Ter[50ᵛ]cia namque feria penthecostes[1178], cum per omnia incolumis esset, repente morbo corripitur et continua acerbitate eciam usque[1179] ad mentis alienacionem uexatus[1180] aspicit in uisione reginam celorum uel[1181] angelorum et hominum in proximo sabbato in quodam gradu ante ipsas ymagines sibi apparentem et seueriore[1182] facie ei dicentem: ‚Tu michi subtraxisti lucem olei, ego tibi subtraham[1183] lucem uite presentis[1184].‘ Ad hec[1185] ille tremebundus uidebatur sibi ad conminantis uestigia prouolutus[1186] culpam agnoscere, ueniam inplorare[1187] et[1188], si uita concederetur, solito diligenciorem operam inpendere, lumen ante ymagines nutriendo. Ad hec beata Virgo sereniore uultu in eum intuens uidebatur ei dicere: ‚Sede hic[1189]‘, ostendens ei locum, in quo apparuerat. Et hec locuta[1190] disparuit. Tunc frater euigilans fratres conuocat, uisionem aperit,

---

1168 Iuuenis] De quodam Iuuene *add. be*
1169 tres] *om. wb*
1170 uel] *sup. l. mz*
1171 continentis] detinentis *wb*
1172 regioni illi] i. r. *be*
1173 sacrista se] se sa. *sg bs*
1174 oleum] o. oleum *bs*
1175 ascensione] a. Domini *sg*
1176 nec] *om. wb*
1177 penthecoste] penthecostes a. c. *wb*
1178 penthecostes] penthecostis *sg*
1179 usque] *in marg. wb*
1180 uexatus] u. est *be*
1181 uel] *om. sg*
1182 seueriore] seuiore *sg,* seuiriore *bs*
1183 tibi subtraham] s. t. *wb be*
1184 uite presentis] p. u. *sg*
1185 hec] hoc *be*
1186 prouolutus] p. prouolutus *bs*
1187 inplorare] inplorarere *mz*
1188 et] *om. be*
1189 hic] *om. wb*
1190 locuta] locusta a. c. *wb*

obsecrans et obtestans[1191, lxxx], ut nocte proxima et die sequenti luminaria[1192] aptarentur, uouens[1193] cum magna deuocione se in honorem beate Marie[1194] Virginis lumina ecclesie et iuxta solitum[1195] conseruare et ultra solitum[1196] ampliare. Sed quia, quod *mater ueritatis*[lxxxi] dixit, non nisi uerum esse conuenit, premissa aliqua satisfactione de neglecto lumine – nam iuxta eius precem[1197] lampades nocte illa et die sequenti accense fuerunt[1198] – monachus feria secunda post festum sancte[1199] trinitatis carne solutus est. Hunc ego[1200] uidi in penis precipue, quia in negligencia sui ordinis, in diuini officii incuria, *in cibo*[1201] *et potu*[lxxxii], in[1202] risu et ludicris deliquerat[1203].

<CAPVT XLVIII>

in[1204] eodem loco uidi iuuenem faciliore[1205] purgacione afflictum ad paradisi gaudia hilariter properantem. Vixerat autem pudicicia mundus, caritate feruidus[1206] et ceteris[1207] uirtutum studiis[1208] conmendandus. Circa beatam uero Virginem tanta deuocione tenebatur, ut coram altaribus eius crebras cum lacrimis et gemitibus excubias et prolixas uigilias duceret[1209, 1210] et in nomine eius[1211] pauper ipse, que poterat, *pauperibus largi*[51ʳ]*retur*[lxxxiii]. Vnde et ipsa[1212] beata Virgo in suppliciis positum sepius uisitando multo refrigerio

1191 obtestans] contestans *be*
1192 luminaria] lumina *be*
1193 uouens] ueniens *bs*
1194 Marie] *om. be*
1195 solitum] solitam *wb*
1196 solitum] solitam *wb*
1197 precem] preces *be*
1198 fuerunt] fuerut *wb*
1199 sancte] *om. sg be*
1200 ego] ergo *wb*
1201 cibo] cibi *wb*
1202 in] et *be*
1203 deliquerat] d. Item *mz*
1204 In] De quodam alio Iuuene *add. be*
1205 faciliore] faciliori *be*
1206 caritate feruidus] f. c. *be*
1207 et ceteris] ceterisque *be*
1208 uirtutum studiis] uirtutibus *be*
1209 duceret] diceret *sg*
1210 et prolixas uigilias duceret] produceret e. p. *be*
1211 nomine eius] e. n. *be*
1212 ipsa] *om. be*

lxxx   I Petr. 5, 12
lxxxi   cf. Petrus Damiani, *De bono suffragiorum et uariis miraculis, presertim B. Virginis*, cap. II – PL 145, 1853, col. 563 C
lxxxii Col. 2, 16; Hebr. 9, 10
lxxxiii cf. Esth. 9, 22

solabatur[1213]. Aeris solum intemperancia[1214] per frigus et estum uidebatur affligi[1215]. Sed et sitis ardoribus estuabat ideo[1216], cum ad diuicias peruenisset[1217], pauperes, quibus ipse adhuc[1218] pauper affabilis et largus[1219] pro posse extiterat, seuerius[1220] et tenacius respiciebat.

\<CAPVT XLIX\>

nunc[1221] de solaciis quiescencium et eterna[1222] gloria beatorum utcumque[1223] dicamus, sufficienter enim nemo potest. Postquam per tria, que memorauimus[1224], loca[1225] uarios miserorum dolores conspeximus[1226], ad ulteriora nobis tendentibus lumen gratissimum nobis uidimus[1227] apparere, dehinc odoris suauissimi fraglancia[1228] nec multo post amenitas[1229] campi[1230] multimoda florum uarietate uernantis[1231] incredibilem nobis prestitit[1232] uoluptatem. Hoc[1233] in campo milia repperimus animarum infinita[1234] felici quiete[1235] post excursa supplicia iocundancium. Quos autem in primo margine campi huius uidimus[1236], albis quidem[1237], sed non satis nitentibus uestibus utebantur, nigredinis tamen nichil habebant uel macule.

1213 solabatur] consolabatur *wb*
1214 intemperancia] intemperanciam *sg bs*
1215 affligi] solum pati *sg*
1216 ideo] i. hoc quia *be*
1217 peruenisset] uenisset *sg*
1218 adhuc] ad hoc *wb*
1219 largus] largius *wb*
1220 seuerius] sepius *wb*
1221 Nunc] de gaudiis paradisi *add. in marg. sg,* Hic finis penarum. Sequitur de gaudiis et solatiis quiescentium beatorum *add. be*
1222 eterna] e. gaudia *sg*
1223 utcumque] utrumque *wb bs*
1224 memorauimus] conmemorauimus *be*
1225 que memorauimus loca] l. q. m. *sg bs*
1226 conspeximus] inspeximus *be*
1227 nobis uidimus] u. n. *sg bs*
1228 fraglancia] fraglanciam *sg bs,* fragrantiam *be*
1229 amenitas] a. *a. c.* amenitatis *p. c. be*
1230 campi] *om. be*
1231 uernantis] uernantes *a. c. bs*
1232 nobis prestitit] *om. be*
1233 Hoc] hec *wb*
1234 infinita] *om. be*
1235 quiete] quieti *bs*
1236 campi huius uidimus] u. h. c. *be*
1237 quidem] quidam *wb*

<CAPVT L>

hic abbatissam, que ante xiiii annos[1238] migrauerat, recognoui. Fuerat autem pudicicie, honestatis, misericordie et magne super gregem uigilancie uirtute predita. De locis tormentorum nuper euaserat, marcida specie et quasi de longa egritudine confecta de balneis recenter exisset. Dicebat autem precedentes penas se inde meruisse, quod bona monasterii parentibus largius contulerat, monialibus suis uictus et uestitus inopia laborantibus. Stupebam ego ad ista pro certo sciens[1239], quod nullus hodie prelatorum tanta parcitate utatur circa propinquos suos[1240].

<CAPVT LI>

ex hoc margine campi ad interiora penetrantes obuium[1241] habuimus priorem, qui ante hoc triennium transierat[1242]. Hunc uidebam de penarum euasione letum, de iocunditate, quam habebat, leciorem, de certitudine uero uisionis diuine, quam exspectabat, letissi[51ᵛ]mum. Monachicum ab infancia et[1243] habitum gesserat[1244] et animum usque ad senectutem. Virginitatem mentis et corporis cum humilitate et paciencia seruauerat. Rigorem uigiliarum, abstinenciarum, psalmodiarum[1245] et oracionum tunc demum inuitus dimittebat, cum magis necessaria caritatis officia eum ab[1246] huiusmodi retrahebant. Nemo temptatis misericordius conpaciebatur, nemo egrotantibus familiarius ministrabat. Cumque *omnibus omnia factus fuisset*[lxxxiv], sibi in necessariis raro[1247], in refrigeriis rarius, in uoluptuosis nunquam indulgebat. Nunquam peticionibus afflictorum solacium, quod adhibere potuit, denegauit. Sola penes eum insinuacione, ut merentibus subueniret, opus fuit. Cumque tantis polleret studiis, datum est ei ad probacionem, ut ante mortem biennio ui[1248] languoris unius oculi aspectu priuaretur, cum reliqua tocius corporis membra uaria clade deficerent. Verum quia, ut ait Salomon, *spiritus uiri sustentat inbecillitatem*[1249] *eius*[lxxxv], nunquam propter hoc a choro, nunquam a conuentu

---

1238 annos] anno *wb*
1239 sciens] s. eo *wb*
1240 suos] s. et cetera *wb bs*
1241 obuium] obuiam *be*
1242 transierat] exierat *be*
1243 et] *om. sg*
1244 habitum gesserat] g. h. *sg*
1245 abstinenciarum, psalmodiarum] p. a. *be*
1246 ab] ad *wb*
1247 raro] tardus *wb*
1248 ui] in *sg bs*
1249 inbecillitatem] becillitatem *bs*

lxxxiv I Cor. 9, 22
lxxxv Prov. 18, 14

potuit reuocari. Tandem dissenteriam incurrens post percepcionem[1250] sollem-
pnem sacramentorum nocte prima sui exitus[1251] uidit[1252] Dominum Ihesum
cum beatissima Virgine matre sua ipsum uocantem. Qui in crastino conuo-
catis fratribus exposita uisione horis diurnis et[1253] de[1254] beata trinitate et de
beata Virgine[1255] Maria ab eo cum fratribus cantatis fine bono, quem fratribus
predixerat, inter oscula sancte crucis diem clausit[1256] extremum.

<CAPVT LII>

Hunc tantum uirum obuium habui, et me eum salutantem salutauit[1257] et ado-
lescentem monachum suo comitatui adherentem michi ostendit, qui corde et
corpore puro[1258] in eiusdem monasterio[1259] habitu[1260], quem feruenter[1261] que-
sierat[1262], feruencius gestabat[1263] et obitum suum fratribus predicens meruit, ut
eo moriente[1264] uoces celestium[1265] ab astantibus audirentur. Vterque[1266] penas
sustinuerat; adolescens, sicut in minimis deliquerat, leuiores[1267], prior uero[1268]
pro suis et suorum excessibus grauiores. In eo statu, [52ʳ] quo eos uidi, pares
michi uidebantur, sed illius, quam exspectabant, glorie multo sublimiorem
prior fiduciam obtinebat[1269].

1250 percepcionem] perconcepcionem *wb*
1251 sui exitus] e. s. *sg bs be*
1252 uidit] uidet *mz wb*
1253 et] om. *wb sg bs*
1254 de] †...† *in marg. be*
1255 uirgine] u. uir *a. c. wb*
1256 clausit] cu *a. c. bs*
1257 salutauit] resalutauit *wb sg bs be*
1258 et corpore puro] p. e. c. *a. c. be*
1259 monasterio] monasterii *sg*
1260 habitu] habitum *mz be*
1261 feruenter] frequenter *wb bs*
1262 feruenter quesierat] q. f. *sg*
1263 gestabat] gestauit *be*
1264 moriente] c *a. c. wb*
1265 celestium] celestiu†...† *be*
1266 Vterque] V. quidem *be*
1267 leuiores] leuioris *wb*, leniores *bs*
1268 uero] u. uero *a. c. bs*
1269 obtinebat] o. et cetera *bs*

<CAPVT LIII>

vidi[1270] in eisdem locis presbiterum, qui cum[1271] uite sanctitate, uerbo quoque predicacionis non solum subiectorum salute[1272] curanda[1273] contentus fuit, sed eciam[1274] extraneos[1275] ad uiam salutis reducere studuit adeo, ut multos, qui manuali[1276] seruitute diabolo se uisibiliter obligauerant, ipse a iugo[1277] demoniace[1278] confederacionis collum retrahere fecit[1279] et[1280] tam diabolo quam omnibus pompis et uinculis[1281] eius renunciantes ad Christi liberam seruitutem[1282] et ad unitatem fidei catholice reuocauit. Hunc ego post[1283] excursum[1284] penarum uidi in huius campi amenitate[1285]. Omnes, quos iste campus[1286, 1287] continebat[1288], tormenta transierant et superne ciuitatis heredes decreti[1289], in magna quidem iocunditate[1290] positi inconparabiliter maiorem in celestibus beatitudinem exspectabant.

<CAPVT LIV>

iam uero, que ad interiora progressi uidimus, non lingua exprimere, sed nec concipere intellectus sufficit[1291]. Quis enim digne uerbis explicet, qualiter in medio beatorum spirituum, quorum infinita milia ibi[1292] circumstabant, crucis Christi misterium adorabatur, uelut presencialiter in carne dominica passio

---

1270 Vidi] De quodam sacerdote *add. be*
1271 cum] *om. be*
1272 salute] salutem *be*
1273 curanda] curando *be*
1274 eciam] *om. wb*
1275 extraneos] extraneorum quos *sg*
1276 manuali] manuale *wb*
1277 iugo] uinculo *be*
1278 demoniace] d. seruitutis et *sg*
1279 fecit] fecerit *be*
1280 et] quod *be*
1281 uinculis] uinculisque *be*
1282 seruitutem] seruitatem *wb*
1283 post] *om. bs*
1284 excursum] occursum *wb*
1285 amenitate] a. positum *sg bs*
1286 iste campus] c. i. *be*
128/ amenitate ... campus] *om. wb*
1288 continebat] *corr. sg*
1289 decreti] a. m. *be*
1290 iocunditate] iocunditati *wb*
1291 intellectus sufficit] s. i. *be*
1292 ibi] *om. be*

celebraretur¹²⁹³? Videbatur pius Redemptor tamquam in cruce¹²⁹⁴ appensus, flagellis toto corpore laceratus et liuidus, sputis illitus, *colaphis cesus*ˡˣˣˣᵛⁱ, spinis coronatus, clauis confossus, lancea perforatus, per manus et pedes riuos purpurei sanguinis emanare. Ex sacro eciam¹²⁹⁵ latere sanguis¹²⁹⁶ largiter fluebat et aqua. Hinc¹²⁹⁷ beata mater non iam lugubris et anxia, sed gaudens et¹²⁹⁸ hilaris, uultu hilarissimo¹²⁹⁹ tanto tamque¹³⁰⁰ inenarrabili spectaculo assistebat. Inde *discipulus, quem diligebat Ihesus*ˡˣˣˣᵛⁱⁱ, sed et¹³⁰¹ omnes noti¹³⁰² eius a longe¹³⁰³ aspiciebant. Quis digne perpendat¹³⁰⁴, cum quanta¹³⁰⁵ alacritate ad hoc uitale spectaculum¹³⁰⁶ undique concurrebant, que intuencium erat deuocio, quis adorancium animus, quante¹³⁰⁷ pro [52ᵛ] tantis beneficiis graciarum actiones et¹³⁰⁸ Christo¹³⁰⁹ gloriam concinencium¹³¹⁰ quam mira exsultacio? Audiebatur ex ore omnium circumstancium effectus¹³¹¹ dominice passionis, destructio demoniace potestatis, inferni spoliacio, sanctorum ad Christi descensum exsultacio uel¹³¹² gratulacio¹³¹³, prophetarum de sua ueritate exultacio, redemptorum¹³¹⁴ per crucem confessio, de beneficiis tante humilitatis graciarum actio. Proinde ueniencium¹³¹⁵ ad crucem adorandam¹³¹⁶ concursus et occursus innumerabilis cernebatur. Deinde frequencia ad hec¹³¹⁷ confluencium paulatim cepit rarescere singulis post expletam deuocionem ad suas remeantibus mansiones. Ego uero

1293 celebraretur] celebrarentur *wb*
1294 cruce] crucem *wb sg bs*
1295 eciam] eius *be*
1296 sanguis] s. etiam *be*
1297 Hinc] Huic *sg*
1298 et] *om. wb*
1299 hilarissimo] serenissimo *be*
1300 tamque] tamquam *wb sg bs*
1301 et] *sup. l. a. m. be*
1302 noti] nonti *a. c. bs*
1303 alonge] *om. be*
1304 perpendat] apprehendat *wb sg bs*
1305 quanta] *om. wb*
1306 spectaculum] spectalum *bs*
1307 quante] q *a. c. wb*
1308 et] *om. be*
1309 Christo] Chr†...† *be*
1310 concinencium] concinencionem *wb*
1311 effectus] Audiebatur ex ore *a. c. bs*
1312 uel] *om. sg*
1313 gratulacio] congratulacio *sg*
1314 redemptorum] redemptoris *bs*
1315 ueniencium] ueueniencium *wb*
1316 adorandam] adorandum *bs*
1317 hec] hoc *wb be*

lxxxvi cf. Matth. 26, 67; Marc.
      14, 65; I Cor. 4, 11
lxxxvii Ioh. 13, 23; Ioh. 21, 7;
      Ioh. 21, 20

precedente duce meo inter beatorum tabernacula[1318] gaudio[1319] stupidus ad ulteriora[1320] progredior[1321], ubi splendor in habitu, in odore fraglancia, in sono armonia, in cordibus leticia, in uocibus graciarum actio per omnia resultabat[1322].

<CAPVT LV>

in hiis considerandis et inuestigandis iam multo confecto uie[1323] spacio et semper
ante nos crescente locorum amenitate uidi eminus murum cristallinum, cuius uel
altitudinem uel longitudinem[1324] nulla potui curiositate deprehendere[1325]. Porta
interius[1326] lucidissima apparebat, aperta quidem, sed unius crucis interposicione
offerens[1327] ingressum[1328]. Hec crux[1329] accedencium alios eleuata interius admit-
tebat, alios demissa foris retinebat. Et quidem recepti ingrediebantur exultanter
et exclusi cum magna reuerencia remanebant, crucis eleuacionem interim[1330]
prestolantes. Hic ductor meus mecum substitit. Incedebamus autem manibus
inuicem consertis[1331]. Ad accessum igitur[1332] nostrum crux[1333] eleuatur[1334] et
socius libere ingreditur. Quem cum ego sequi et introire pararem, descendit
crux super manus nostras et me a ductoris manibus auulsit[1335]. Vnde michi pene
exanimato[1336] respondit ductor meus: ‚Equo animo [53ʳ] esto et fidem Domini nostri fixam et firmam habe in mente!' Quod cum fecissem, cruce indilate
eleuata facillime introiui. Quantus uero fulgor inestimabilis claritatis, quanta
luminis gracia interius uniuersa possederit[1337], nemo a me requirat. Hoc enim nec

1318 beatorum tabernacula] t. b. *sg bs*
1319 gaudio] gaudia *a. c. bs*
1320 ulteriora] anteriora *be*
1321 progredior] progrediebar *be*
1322 resultabat] resonabat et cetera *wb*, resonabat *sg bs*
1323 uie] me *be*
1324 longitudinem] logitudinem *wb*
1325 deprehendere] apprehendere *wb sg bs*
1326 interius] interea *bs*
1327 offerens] efferens *wb*
1328 ingressum] *corr. mz*
1329 crux] c. ad *bs*
1330 interim] *om. be*
1331 consertis] insertis *sg*
1332 igitur] ergo *wb sg bs*
1333 crux] c. est *bs*
1334 eleuatur] eleuabatur *be*
1335 auulsit] diuisit *wb sg bs*
1336 exanimato] exianimato *a. c. mz*, a *a. c. wb*
1337 possederit] possiderit *wb*, possedit *be*

uerbis promere[1338], sed[1339] nec mente concipere sufficio. Splendor ille coruscus et blandus, serenus et lenis sic intuentem rapiebat in se, sic uero[1340] nitoris[1341] inmensitate[1342] ferebat supra se, ut nichil in eius conparacione crederem[1343] esse, quicquid eatenus conspexissem. Splendor iste quamuis ineffabilis[1344], intuentis[1345] tamen non reuerberabat, sed pocius acuebat obtutum[1346]. Micabat quidem ineffabiliter, sed multo inestimabilius demulcens inspicientem sue uisioni mirabiliter coaptabat. Inferius nichil aliud occurrebat intuenti, nisi lux et murus candore perspicuus, per quem ingressi[1347] sumus. Erant quoque ab imo usque ad summitatem eius gradus mira pulchritudine dispositi, per quos ascendebant agmina letancium, mox ut fuissent per ianuam introgressa[1348]. Nullus erat ascendencium labor, difficultas nulla, non[1349] in ascendendo[1350] mora. Superior gradus semper alacrius quam inferior scandebatur[1351]. In plano ego deorsum consistens[1352] longo oculorum intuitu deducebam per hos gradus ascendentes. Ad alciora uero oculos extendens, uidi in trono residentem[1353] Dominum et saluatorem nostrum Ihesum in specie humana; et de ascendentibus[1354] quingenti uel septingenti[1355], qui nuper ianuam intrauerant, coram trono sedentis adorabant. Plerique remocius per summos[1356] muri apices huc illucque spaciando deambulabant[1357]. Michi autem certissime constat, quod locus ille *sedentis in trono*[lxxxviii] non erat *celum*[1358] *celorum*[lxxxix], ubi *exultant iusti in conspectu Dei*[xc], uidentes eum in maiestate sua,

---

1338 promere] prome *wb*
1339 sed] *om. be*
1340 uero] *om. be*
1341 nitoris] interioris *wb*, uiroris *be*
1342 inmensitate] immensitatem *be*
1343 crederem] credebam *wb*
1344 ineffabilis] i. esset *be*
1345 intuentis] intuentium *be*
1346 obtutum] intuitum *a. c. sg*
1347 ingressi] i. ingressi *a. c. bs*
1348 introgressa] introgressam *wb bs*, introgressi *sg*
1349 non] nec *sg bs*
1350 ascendendo] ascendo *bs*
1351 scandebatur] scandebantur *wb bs*
1352 consistens] assistens *be*
1353 residentem] residendem *a. c. wb*
1354 ascendentibus] conscendentibus *be*
1355 quingenti uel septingenti] uel s. u. q. *be*
1356 Plerique remocius per summos] Pl. etiam pe. s. r. *a. c.* Pl. etiam r. pe. s. *p. c. sup. l. a. m. be*
1357 deambulabant] ambulabant *sg*
1358 celum] celo *a. c. bs*

lxxxviii   Apoc. 5, 7
lxxxix   Ps. 148, 4
xc   Ps. 67, 4; Apoc. 8, 2 et saep.

sicuti est, ubi *milia milium ministrant ei et decies*[1359] *centena milia assistunt*[1360] *ei*[1361,xci], sed de eo sine difficultate et mora ascenditur[1362] ad celum illud diuine [53ᵛ] contemplacionis solis angelis et sanctorum[1363] spiritibus, qui ad angelicam perfectionem peruenerunt, dedicatum. Ex hac[1364] ultima uisione quantam iocunditatem conceperim, exprimi non oportet[1365].

<CAPVT LVI>

His aliisque innumeris uisis et auditis sanctus Dei Nicolaus, ductor meus, conuersus ad me ait: ‚En[1366] ex parte, fili, ut anxie[1367] desideraueras, quantum mortali[1368] possibile est, aspexisti seculi statum, pericula errancium, supplicia peccatorum, purgatorum requiem, tendencium desideria, iam intus admissorum[1369] gaudia, misteria dominice passionis et gloriam regnantis. De cetero tibi ad tuos redeundum est et ad promerenda premia[1370], que uidisti, tibi satagendum; que profecto pleniora, quam uideris[1371], tibi preparantur, quia non, nisi cum percipiuntur, sciuntur.' Hec dicens per portam, qua[1372] intraueramus[1373], me reduxit, instruens de fugienda[1374] mundi[1375] dissolucione et prestolanda cum omni sollicitudine extrema uocacione.

<CAPVT LVII>

Dum hec loqueretur, subito classicum mire suauitatis cepit audiri, tamquam omnia, que in mundo sonum[1376] reddere possunt, pulsarentur. In hoc classico

---

1359 decies] d. milies *be*
1360 assistunt] assistant *wb*
1361 et decies … ei] *om. sg bs*
1362 ascenditur] ascendunt *be*
1363 sanctorum] sanctis *be*
1364 hac] *om. sg bs*
1365 oportet] o. quia non potest *sg bs*,
    po⌐…† *be*
1366 En] Tu *wb sg bs*
1367 anixe] †…† *in marg. be*
1368 mortali] mortale *wb, om. sg bs*
1369 admissorum] missorum *sg bs*
1370 premia] gaudia *a. c. sg*
1371 uideris] uides *sg bs*
1372 qua] quam *a. c. sg,* per quam *be*
1373 intraueramus] intrauimus *sg*
1374 fugienda] fugiendi *wb*
1375 fugienda mundi] m. f. *sg bs*
1376 sonum] sunt *a. c. bs*

xci Dan. 7, 10

mira suauitas et uaria melodie diuersitas tam sui magnitudine[1377] quam dulcedine attonitum me reddebat. Que armonia cum a meis[1378] paulatim auribus recessisset, subito a societate ductoris[1379] mei me inuenio destitutum. Ad me autem reuersus cum me in ecclesia coram altari, ubi crucem adoraueramus, esse crederem et sexte ferie matutinas tantum tunc[1380] esse cantatas, miratus sum me uidens[1381] in lectulo circumstantibus fratribus, nec solum[1382] ab egritudine, sed eciam a[1383] debilitate me liberum senciens[1384], sanus et fortis apparui et ulceris, cuius dolorem, quasi lamina ardens carni apponeretur, per annum in[1385] tibia[1386] portaueram[1387], sanitatem tantam recepi, ut nec cicatrix remaneret, nisi quod locus uacuus adhuc a pilis[1388] uidetur.

<CAPVT LVIII>

dum autem classicum recordor, quod in regione beatorum audiui, quo classico chorus celestium michi significare uoluit, cum quanto[1389] tripudio ab eis[1390] suscipia[54ʳ]tur paschalis sollempnitas, nunc eciam, quociens classicum audio, uehemencius hilaresco. Sicut autem uos uidere potuistis, toto illius mei excessus[1391] tempore oculos introrsum[1392] defixos[1393] adeo, ut quasi effossi uiderentur, habui[1394], nulla uiuentis indicia[1395] per arteriarum motum spirando in me deprehendistis, per biduum nullis punctionibus aculeorum, nullo strepitu clamancium potui excitari et, quamuis longa spacia in hec uidendo fecerim, nullam[1396] tamen uel modicam moram in his me credidi peregisse. Post hunc autem

---

1377 magnitudine] magnitudinis *a. c. wb*
1378 meis] is *sup. l. a. m. be*
1379 ductoris] doctoris *a. c. wb*
1380 tantum tunc] tu. ta. *be*
1381 me uidens] u. m. *sg bs be*
1382 solum] so *wb*
1383 a] *om. wb sg bs*
1384 senciens] sensi *wb*
1385 in] et *wb*
1386 tibia] tibi *wb,* t. et *bs*
1387 portaueram] p. et *sg*
1388 adhuc a pilis] a p. ad. *sg bs*
1389 quanto] quante *wb*
1390 ab eis] *om. be*
1391 mei excessus] e. m. *be*
1392 introrsum] in terram *a. c. wb,* introrsus *sg be*
1393 defixos] defixus *wb*
1394 ut quasi effossi uiderentur habui] h. ut q. e. ui. *sg*
1395 indica] iudicia *wb*
1396 nullam] nulla *wb sg*

excessum meum per multos dies fluuium lacrimarum nullo conamine[1397] potui cohibere, multo enim tenacius memorie mee inherent ea, que extra corpus uidi uel audiui[1398], quam ea, que unquam[1399] corporaliter gessi. Quia igitur[1400] ad uestre caritatis imperium uobis[1401] secreta dominica[1402] coactus sum reuelare, oracionibus uestris iuuari[1403] supplico, ut ad societatem ciuium supernorum, quam uidi, post obitum me recipiat rex angelorum[1404]. Amen[1405]."

1397 conamine] can *a. c. bs*
1398 audiui] *om. wb*
1399 unquam] numquam *wb*
1400 igitur] *om. wb*
1401 uobis] nobis *wb*
1402 secreta dominica] diuina s. *sg*, s. diuina *bs*
1403 iuuari] adiuuari *sg*
1404 angelorum] *om. wb*
1405 Amen] A. Explicit uisio cuiusdam nouicii rapti in partibus Anglie de purgatorio. Per me Mathiam Bürer de Lindow capellanum altaris sancti Stephani ad beatam Virginem in Memingen anno Domini 1477 feria sexta ante Symonis et Iude. Exemplar concessit michi prior domus Buxie ibidem. *in marg. sg,*
Nota, quod largo uocabulo interim, quod anima non est sufficienter disposita ad ingressum regni celorum, dicitur esse in purgatorio, eciamsi sit in paradiso terrestri, quia adhuc priuatur uisione diuina, que est anime magna pena non ignis, sed tristicie. *in marg. sg,*
Item hanc uisionem nouicii scribit Petrus Cluniacensis, ut dicit Vincencius in speculo morali libro secundo distinctione decima. *in marg. sg,*
A. Deo gracias. Nota, quod largo uocabulo interim, quod anima (interim *del.*) non est sufficienter disposita ad ingressum regni celorum, dicitur esse in purgatorio, eciamsi sit in paradyso terrestri, quia adhuc priuatur uisione diuina, que est anime magna pena non ignis, sed tristicie. Etiam secundum Crisostomum maxima pena est inter omnes penas carere uisione diuina. Hec pater noster Henricus de Gerlzhofen pie memorie defunctus. *bs,*
Explicit uisio. In Saxonie partibus quidam miles Rabbodus raptus ad loca penarum uidit multa. Liber est apud Cruciferos Colonienses V 24. In eodem libro habetur reuelatio Arnoldo Boschman facta anno 1437 latine. Post illam uiginti apparitiones fratris Cornelii Cruciferi facte anno 1450. Antuuerpie anno 1489 alia moniali facta est, quam habemus Colonie anno 156. ad sanctam Catherinam conscriptam a domino Iudoco Iusto licentiato habemus eam. *a. m. be*

KIELER WERKSTÜCKE

Reihe   A: Beiträge zur schleswig-holsteinischen und skandinavischen Geschichte

Hrsg. von Oliver Auge

Band 19 Thomas Riis (Hrsg.): Tisch und Bett. Die Hochzeit im Ostseeraum seit dem 13. Jahrhundert. 1998.

Band 20 Alf R. Bjercke: Norwegische Kätnersöhne als königliche Dragoner. Eine Abhandlung über den Dragonerdienst in Norwegen und die Grenzwache in Schleswig-Holstein 1758–1762. 1999.

Band 21 Niels Bracke: Die Regierung Waldemars IV. Eine Untersuchung zum Wandel von Herrschaftsstrukturen im spätmittelalterlichen Dänemark. 1999.

Band 22 Lutz Sellmer: Albrecht VII. von Mecklenburg und die Grafenfehde (1534–1536). 1999.

Band 23 Ernst-Erich Marhencke: Hans Reimer Claussen (1804–1894). Kämpfer für Freiheit und Recht in zwei Welten. Ein Beitrag zu Herkunft und Wirken der "Achtundvierziger". 1999.

Band 24 Hans-Otto Gaethke: Herzog Heinrich der Löwe und die Slawen nordöstlich der unteren Elbe. 1999.

Band 25 Henning Unverhau: Gesang, Feste und Politik. Deutsche Liedertafeln, Sängerfeste, Volksfeste und Festmähler und ihre Bedeutung für das Entstehen eines nationalen und politischen Bewußtseins in Schleswig-Holstein 1840–1848. 2000.

Band 26 Joseph Ben Brith: Die Odyssee der Henrique-Familie (Bandhrsg.: Björn Marnau und Ralph Uhlig). 2001.

Band 27 Karl-Otto Hagelstein: Die Erbansprüche auf die Herzogtümer Schleswig und Holstein 1863/64. 2003.

Band 28 Annegret Wittram: Fragmenta. Felix Jacoby und Kiel. Ein Beitrag zur Geschichte der Kieler Christian-Albrechts-Universität. 2004.

Band 29 Sönke Loebert: Die dänische Vergangenheit Schleswigs und Holsteins in preußischen Geschichtsbüchern. 2008.

Band 30 Hans Gerhard Risch: Der holsteinische Adel im Hochmittelalter. Eine quantitative Untersuchung. 2010.

Band 31 Silke Hinz: Hochzeit in Kiel. Wandel im Hochzeitsgeschehen von 1965 bis 2005. 2011.

Band 32 Sönke Loebert / Okko Meiburg / Thomas Riis: Die Entstehung der Verfassungen der dänischen Monarchie (1848–1849). 2012.

Band 33 Franziska Nehring: Graf Gerhard der Mutige von Oldenburg und Delmenhorst (1430–1500). 2012.

Band 34 Simon Huemer: Studienstiftungen an der Christian-Albrechts-Universität zu Kiel. Private Bildungsförderung zwischen Stiftungsnorm und Stiftungswirklichkeit. 2013.

Band 35 Marina Loer: Die Reformen von Windesheim und Bursfelde im Norden. Einflüsse und Auswirkungen auf die Klöster in Holstein und den Hansestädten Lübeck und Hamburg. 2013.

Band 36 Alexander Otto-Morris: Rebellion in the Province: The Landvolkbewegung and the Rise of National Socialism in Schleswig-Holstein. 2013.

Band 37 Oliver Auge (Hrsg.): Hansegeschichte als Regionalgeschichte. Beiträge einer internationalen und interdisziplinären Winterschule in Greifswald vom 20. bis 24. Februar 2012. 2014.

Band 38 Julian Freche: Die Eingemeindungen in die Stadt Kiel (1869–1970). Gründe, Probleme und Kontroversen. 2014.

Band 39 Martin Göllnitz: Karrieren zwischen Diktatur und Demokratie. Die Berufungspolitik in der Kieler Theologischen Fakultät 1936 bis 1946. 2014.

Band   40   Jelena Steigerwald: Denkmalschutz im Grenzgebiet. Eine Analyse der Wissensproduktion und der Praktiken des Denkmalschutzes in der deutsch-dänischen Grenzregion im 19. Jahrhundert. 2015.

Band   41   Caroline Elisabeth Weber: Der Wiener Frieden von 1864. Wahrnehmungen durch die Zeitgenossen in den Herzogtümern Schleswig und Holstein bis 1871. 2015.

Band   42   Oliver Auge (Hrsg.): Vergessenes Burgenland Schleswig-Holstein. Die Burgenlandschaft zwischen Elbe und Königsau im Hoch- und Spätmittelalter. Beiträge einer interdisziplinären Tagung in Kiel vom 20. bis 22. September 2013. 2015.

Band   43   Frederieke Maria Schnack: Die Heiratspolitik der Welfen von 1235 bis zum Ausgang des Mittelalters. 2016.

Band   44   Oliver Auge / Norbert Fischer (Hrsg.): Nutzung gestaltet Raum. Regionalhistorische Perspektiven zwischen Stormarn und Dänemark. 2017.

Band   45   Gwendolyn Peters: Kriminalität und Strafrecht in Kiel im ausgehenden Mittelalter. Das Varbuch als Quelle zur Rechts- und Sozialgeschichte. 2017.

Band   46   Jens Boye Volquartz: Friesische Händler und der frühmittelalterliche Handel am Oberrhein. 2017.

Band   47   Karen Bruhn: Das Kieler Kunsthistorische Institut im Nationalsozialismus. Lehre und Forschung im Kontext der „deutschen Kunst". 2017.

Band   48   Lisa Kragh: Kieler Meeresforschung im Kaiserreich. Die Planktonexpedition von 1889 zwischen Wissenschaft, Wirtschaft, Politik und Öffentlichkeit. 2017.

Band   49   Oliver Auge / Martin Göllnitz (Hrsg.): Mit Forscherdrang und Abenteuerlust. Expeditionen und Forschungsreisen Kieler Wissenschaftlerinnen und Wissenschaftler. 2017.

Band   50   Martin Schürrer: Die Schauenburger in Nordelbien. Die Entwicklung gräflicher Handlungsspielräume im 12. Jahrhundert. 2017.

Band   51   Klaus Kuhl: Die revolutionären Ereignisse in Kiel aus Sicht eines Ingenieurs der Germaniawerft. Das Tagebuch Nikolaus Andersens, verfasst in den Jahren 1917–1919 Edition und Textanalyse. 2018.

Band   52   Stefan Magnussen / Daniel Kossack (eds.): Castles as European Phenomena. Towards an international approach to medieval castles in Europe. Contributions to an international and interdisciplinary workshop in Kiel, February 2016. 2018.

Band   53   Auge, Oliver / Volquartz, Jens Boye (Hrsg.): Der Limes Saxoniae. Fiktion oder Realität?. 2019.

Reihe B: Beiträge zur nordischen und baltischen Geschichte

Hrsg. von Hain Rebas

Band   1   Rainer Plappert: Zwischen Zwangsclearing und Entschädigung. Die politischen Beziehungen zwischen der Bundesrepublik Deutschland und Schweden im Schatten der Kriegsfolgefragen 1949–1956. 1996.

Band   2   Volker Seresse: Des Königs "arme weit abgelegenne Vntterthanen". Oesel unter dänischer Herrschaft 1559/84–1613. 1996.

Band   3   Ingrid Bohn: Zwischen Anpassung und Verweigerung. Die deutsche St. Gertruds Gemeinde in Stockholm zur Zeit des Nationalsozialismus. 1997.

Band   4   Saskia Pagell: Souveränität oder Integration? Die Europapolitik Dänemarks und Norwegens von 1945 bis 1995. 2000.

Band   5   Ulrike Hanssen-Decker: Von Madrid nach Göteborg. Schweden und der EU-Beitritt Estlands, Lettlands und Litauens, 1995–2001. 2008.

Reihe C: Beiträge zur europäischen Geschichte des frühen und hohen Mittelalters

Hrsg. von Andreas Bihrer

Band 1 Martin Rheinheimer: Das Kreuzfahrerfürstentum Galiläa. 1990.

Band 2 Oliver Berggötz: Der Bericht des Marsilio Zorzi. Codex Querini-Stampalia IV 3 (1064). 1990.

Band 3 Thomas Eck: Die Kreuzfahrerbistümer Beirut und Sidon im 12. und 13. Jahrhundert auf prosopographischer Grundlage. 2000.

Band 4 Andreas Bihrer: Visio monachi de Eynsham. Die Vision des Mönchs von Eynsham. Die kartäusische Redaktion des Spätmittelalters (Fassung E). Einleitung und Edition. 2019.

Reihe D: Beiträge zur europäischen Geschichte des späten Mittelalters

Hrsg. von Werner Paravicini

Band 1 Holger Kruse, Werner Paravicini, Andreas Ranft (Hrsg.): Ritterorden und Adelsgesellschaften im spätmittelalterlichen Deutschland. Ein systematisches Verzeichnis. 1991.

Band 2 Werner Paravicini (Hrsg.): Hansekaufleute in Brügge. Teil 1: Die Brügger Steuerlisten 1360–1390, hrsg. von Klaus Krüger. 1992.

Band 3 Les Chevaliers de l'Ordre de la Toison d'or au XVe siècle. Notices bio-bibliographiques publiées sous la direction de Raphaël de Smedt. 1994. 2. Auflage 2000.

Band 4 Werner Paravicini (Hrsg.): Der Briefwechsel Karls des Kühnen (1433–1477). Inventar. Redigiert von Sonja Dünnebeil und Holger Kruse. Bearbeitet von Susanne Baus u.a. Teil 1 und 2. 1995.

Band 5 Werner Paravicini (Hrsg.): Europäische Reiseberichte des späten Mittelalters. Eine analytische Bibliographie. Teil 1: Deutsche Reiseberichte, bearb. von Christian Halm. 1994. 2., durchgesehene und um einen Nachtrag ergänzte Auflage 2001.

Band 6 Rainer Demski: Adel und Lübeck. Studien zum Verhältnis zwischen adliger und bürgerlicher Kultur im 13. und 14. Jahrhundert. 1996.

Band 7 Anne Chevalier-de Gottal: Les Fêtes et les Arts à la Cour de Brabant à l'aube du XVe siècle. 1996.

Band 8 Stephan Selzer: Artushöfe im Ostseeraum. Ritterlich-höfische Kultur in den Städten des Preußenlandes im 14. und 15. Jahrhundert. 1996.

Band 9 Werner Paravicini (Hrsg.): Hansekaufleute in Brügge. Teil 2. Georg Asmussen: Die Lübecker Flandernfahrer in der zweiten Hälfte des 14. Jahrhunderts (1358–1408). 1999.

Band 10 Jean Marie Maillefer: Chevaliers et princes allemands en Suède et en Finlande à l'époque du Folkungar (1250–1363). Le premier établissement d'une noblesse alle-mande sur la rive septentrionale de la Baltique. 1999.

Band 11 Werner Paravicini, Horst Wernicke (Hrsg.): Hansekaufleute in Brügge. Teil 3. Prosopographischer Katalog zu den Brügger Steuerlisten 1360–1390. Bearbeitet von Ingo Dierck, Sonja Dünnebeil und Renée Rößner. 1999.

Band 12 Werner Paravicini (Hrsg.): Europäische Reiseberichte des späten Mittelalters. Eine analytische Bibliographie. Teil 2: Französische Reiseberichte, bearbeitet von Jörg Wettlaufer in Zusammenarbeit mit Jacques Paviot. 1999.

Band 13 Nils Jörn, Werner Paravicini, Horst Wernicke (Hrsg.): Hansekaufleute in Brügge. Teil 4. Beiträge der Internationalen Tagung in Brügge April 1996. 2000.

Band 14 Werner Paravicini (Hrsg.): Europäische Reiseberichte des späten Mittelalters. Eine analytische Bibliographie. Teil 3. Niederländische Reiseberichte. Nach Vorarbeiten von Detlev Kraack bearbeitet von Jan Hirschbiegel. 2000.

Band 15 Werner Paravicini (Hrsg.): Hansekaufleute in Brügge. Teil 5. Renée Rößner: Hansische Memoria in Flandern. Alltagsleben und Totengedenken der Osterlinge in Brügge und Antwerpen (13. bis 16. Jahrhundert). 2001.

Band 16 Werner Paravicini (Hrsg.): Hansekaufleute in Brügge. Teil 6. Anke Greve: Hansische Kaufleute, Hosteliers und Herbergen im Brügge des 14. und 15. Jahrhunderts. 2011.

Band 17 Sonja Dünnebeil (Hrsg.): Die Protokollbücher des Ordens vom Goldenen Vlies. Teil 4: Der Übergang an das Haus Habsburg (1477 bis 1480). Vorwort von Werner Paravicini. 2016.

Band 18 Valérie Bessey / Jean-Marie Cauchies / Werner Paravicini (éds.) Les ordonnances de l'hôtel des ducs de Bourgogne. Volume 3: Marie de Bourgogne, Maximilien d'Autriche et Philippe le Beau 1477–1506. 2018.

Reihe E: Beiträge zur Sozial- und Wirtschaftsgeschichte

Hrsg. von Gerhard Fouquet

Band 1 Thomas Hill / Dietrich W. Poeck (Hrsg.): Gemeinschaft und Geschichtsbilder im Hanseraum. 2000.

Band 2 Gabriel Zeilinger: Die Uracher Hochzeit 1474. Form und Funktion eines höfischen Festes im 15. Jahrhundert. 2002.

Band 3 Sascha Taetz: Richtung Mitternacht. Wahrnehmung und Darstellung Skandinaviens in Reiseberichten städtischer Bürger des 16. und 17. Jahrhunderts. 2004.

Band 4 Harm von Seggern / Gerhard Fouquet / Hans-Jörg Gilomen (Hrsg.): Städtische Finanzwirtschaft am Übergang vom Mittelalter zur Frühen Neuzeit. 2007.

Band 5 Gerhard Fouquet (Hrsg.): Die Reise eines niederadeligen Anonymus ins Heilige Land im Jahre 1494. 2007.

Band 6 Sven Rabeler: Das Familienbuch Michels von Ehenheim (um 1462/63–1518). Ein niederadliges Selbstzeugnis des späten Mittelalters. Edition, Kommentar, Untersuchung. 2007.

Band 7 Gerhard Fouquet / Gabriel Zeilinger (Hrsg.): Die Urbanisierung Europas von der Antike bis in die Moderne. 2009.

Band 8 Dietrich W. Poeck: Die Herren der Hanse. Delegierte und Netzwerke. 2010.

Band 9 Carsten Stühring: Der Seuche begegnen. Deutung und Bewältigung von Rinderseuchen im Kurfürstentum Bayern des 18. Jahrhunderts. 2011.

Band 10 Sina Westphal: Die Korrespondenz zwischen Kurfürst Friedrich dem Weisen von Sachsen und der Reichsstadt Nürnberg. Analyse und Edition. 2011.

Band 11 Ulf Dirlmeier: Menschen und Städte. Ausgewählte Aufsätze. Herausgegeben von Rainer S. Elkar, Gerhard Fouquet und Bernd Fuhrmann. 2012.

Band 12 Anja Voßhall: Stadtbürgerliche Verwandtschaft und kirchliche Macht. Karrieren und Netzwerke Lübecker Domherren zwischen 1400 und 1530. 2016.

Band 13 Ulrike Förster: Selbstverständnis im Spannungsfeld zwischen Diesseits und Jenseits. Die Lübecker Ratsherrenwitwen Telse Yborg (gest. vor 1442), Wobbeke Dartzow (gest. 1441/42) und Mette Bonhorst (gest. 1445/46). 2017.

Band 14 Maria Seier: Ehre auf Reisen. Die Hansetage an der Wende zum 16. Jahrhundert als Schauplatz für Rang und Ansehen der Hanse(städte). 2017.

Band   15   Gerhard Fouquet / Marie Jäcker / Denise Schlichting (Hrsg.): Kindheiten und Jugend in Deutschland (1250–1700). Ein Quellenlesebuch. Mit einem Beitrag von Lorena Rüffer. 2018.

Reihe   F: Beiträge zur osteuropäischen Geschichte

Hrsg. von Ludwig Steindorff und Martina Thomsen

Band   1   Peter Nitsche (Hrsg.), unter Mitarbeit von Ekkehard Klug: Preußen in der Provinz. Beiträge zum 1. deutsch-polnischen Historikerkolloquium im Rahmen des Kooperationsvertrages zwischen der Adam-Mickiewicz-Universität Poznań und der Christian-Albrechts-Universität zu Kiel. 1991.

Band   2   Rudolf Jaworski (Hrsg.): Nationale und internationale Aspekte der polnischen Verfassung vom 3. Mai 1791. Beiträge zum 3. deutsch-polnischen Historikerkolloquium im Rahmen des Kooperationsvertrages zwischen der Adam-Mickiewicz-Universität Poznań und der Christian-Albrechts-Universität zu Kiel, unter Mitarbeit von Eckhard Hübner. 1993.

Band   3   Peter Nitsche (Hrsg.): Die Nachfolgestaaten der Sowjetunion. Beiträge zur Geschichte, Wirtschaft und Politik. Herausgegeben unter Mitarbeit von Jan Kusber. 1994.

Band   4   Stephan Conermann / Jan Kusber (Hrsg.): Die Mongolen in Asien und Europa. 1997.

Band   5   Randolf Oberschmidt: Rußland und die schleswig-holsteinische Frage 1839–1853. 1997.

Band   6   Rudolf Jaworski / Jan Kusber / Ludwig Steindorff (Hrsg.): Gedächtnisorte in Osteuropa. Vergangenheiten auf dem Prüfstand. 2003.

Band   7   Ulrich Kaiser: Realpolitik oder antibolschewistischer Kreuzzug? Zum Zusammenhang von Rußlandbild und Rußlandpolitik der deutschen Zentrumspartei 1917–1933. 2005.

Band   8   Annelore Engel-Braunschmidt / Eckhard Hübner (Hrsg.): Jüdische Welten in Osteuropa. 2005.

Band   9   Martin Aust / Ludwig Steindorff (Hrsg.): Russland 1905. Perspektiven auf die erste Russische Revolution. 2007.

Band   10   Sven Freitag: Ortsumbenennungen im sowjetischen Russland. Mit einem Schwerpunkt auf dem Kaliningrader Gebiet. 2014.

Reihe   G: Beiträge zur Frühen Neuzeit

Hrsg. von Olaf Mörke

Band   1   Rolf Schulte: Hexenmeister. Die Verfolgung von Männern im Rahmen der Hexenverfolgung von 1530–1730 im Alten Reich. 2000. 2., ergänzte Auflage 2001.

Band   2   Jan Klußmann: Lebenswelten und Identitäten adliger Gutsuntertanen. Das Beispiel des östlichen Schleswig-Holsteins im 18. Jahrhundert. 2002.

Band   3   Daniel Höffker / Gabriel Zeilinger (Hrsg.): Fremde Herrscher. Elitentransfer und politische Integration im Ostseeraum (15.-18. Jahrhundert). 2006.

Band   4   Volker Seresse (Hrsg.): Schlüsselbegriffe der politischen Kommunikation in Mitteleuropa während der frühen Neuzeit. 2009.

Band   5   Björn Aewerdieck: Register zu den Wunderzeichenbüchern Job Fincels. 2010.

Band   6   Tatjana Niemsch: Reval im 16. Jahrhundert. Erfahrungsräumliche Deutungsmuster städtischer Konflikte. 2013.

Band   7   Martin Pabst: Die Typologisierbarkeit von Städtereformation und die Stadt Riga als Beispiel. 2015.

Reihe   H: Beiträge zur Neueren und Neuesten Geschichte

Hrsg. von Christoph Cornelißen

Band   1   Lena Cordes: Regionalgeschichte im Zeichen politischen Wandels. Die Gesellschaft für Schleswig-Holsteinische Geschichte zwischen 1918 und 1945. 2011.

Band   2   Birte Meinschien: Michael Freund. Wissenschaft und Politik (1945–1965). 2012.

Band   3   Stefan Bichow: Die Universität Kiel in den 1960er Jahren. Ordnungen einer akademischen Institution in der Krise. 2013.

www.peterlang.com